Michael Kluge

Der Ausbilder als Beziehungsmanager

Was tun mit „schwierigen" Azubis?

Deutscher Wirtschaftsdienst

Die Deutsche Bibliothek – CIP-Einheitsaufnahme

Bibliografische Information Der Deutschen Bibliothek

Die Deutsche Bibliothek verzeichnet diese Publikation in der Deutschen Nationalbibliografie; detaillierte bibliografische Daten sind im Internet über http://dnb.ddb.de abrufbar.

ISBN 3-87156-551-2

Lektorat: Erwin Stickling

Alle Rechte vorbehalten.

© 2003 Wolters Kluwer Deutschland GmbH, München/Unterschleißheim.
Deutscher Wirtschaftsdienst – eine Marke von Wolters Kluwer Deutschland.
Das Werk einschließlich aller seiner Teile ist urheberrechtlich geschützt. Jede Verwertung außerhalb der engen Grenzen des Urheberrechtsgesetzes ist ohne Zustimmung des Verlags unzulässig und strafbar. Dies gilt insbesondere für Vervielfältigungen, Übersetzungen, Mikroverfilmungen und die Einspeicherung und Verarbeitung in elektronischen Systemen.

Umschlaggestaltung: arttec grafik Simon & Wagner, St. Goar
Satz: TGK Wienpahl, Köln
Druck: Druckerei Plump, Rheinbreitbach
Printed in Germany, September 2003

Gedruckt auf säurefreiem, alterungsbeständigem und chlorfreiem Papier.

Michael Kluge

Der Ausbilder als Beziehungsmanager

Was tun mit „schwierigen" Azubis?

Vorwort

„In den nächsten drei Jahren werde ich mehr Zeit mit dir verbringen als dein Vater." Dieser Satz, den mein Meister vor über 22 Jahren während meiner Einführung in den Betrieb eher nebenbei sprach, hat sich auf meiner „Festplatte" eingebrannt. Heute weiß ich warum: Er formulierte ein Leitbild von „Beziehungsqualität", das angesichts zunehmender Technisierung aktueller denn je ist: „Beziehung als Schlüssel zum Ausbilden und Lernen." Das Umsetzen dieser Philosophie durfte ich drei Jahre lang erleben, wofür ich heute noch meinem Meister – Klaus Granzin – dankbar bin. Diese Erfahrung motiviert mich, Sie – liebe Leserinnen und Leser – zu ermutigen, ebenfalls diesen Weg zu beschreiten. Einen Weg, der ein beziehungsorientiertes Begleiten von Lernprozessen zum Ziel hat, um auch der zunehmenden Beziehungslosigkeit in unserer Gesellschaft entgegenzuwirken.

Nicht zuletzt haben die tragischen Ereignisse von Erfurt – ein 19-jähriger früherer Schüler erschoss im Frühjahr 2002 in seinem ehemaligen Gymnasium 16 Menschen, ehe er sich selbst tötete – uns vor Augen geführt, wie wichtig das Aufnehmen und Gestalten von Beziehungen für die Entwicklung eines Menschen ist. Informationen können sich Auszubildende notfalls aus Büchern oder elektronischen Medien organisieren. Aber das Entwickeln einer Sozialkompetenz ist nur im Umgang mit anderen möglich. „Schulen benötigen mehr als den Anschluss ans weltweite Netz. Schüler brauchen Netzwerke aus Mitmenschlichkeit und Interesse am Anderen." Was der Bundespräsident Johannes Rau nach den Ereignissen in Erfurt im Hinblick auf die Entwicklung von Schulen gesagt hat, gilt auch für die Berufsausbildung. Und hier nehmen Ausbilder gewollt oder ungewollt eine Vorbildfunktion ein. Sie stehen für ihre Auszubildenden als Modell für das Gestalten von (Arbeits-)Beziehungen.

Doch wie können Ausbilder berufliche Beziehungen aufnehmen und gestalten? Beziehungen zu managen ist nicht so einfach, wie es klingt. Es genügt nicht, einfach nur freundlich zu sein. Ausbildungsprozesse bewusst zu initiieren, zu gestalten und zu steuern, setzt das Wissen über Beziehungen voraus. Menschliche Beziehungen sind immer besonders, neu und bunt. Die meisten menschlichen Schwierigkeiten, die dabei auftreten können, sind letztendlich Kommunikationsprobleme. Daher gibt es im Grunde nur zwei Aufgaben zu meistern: einerseits mit sich und anderen adäquat zu kommunizieren. Andererseits mit den Emotionen anderer richtig umzugehen. Das setzt voraus, dass Ausbildungskräfte sich ihrer eigenen Emotionen bewusst sind und sich mit Empathie auf die Auszubildenden einstellen können. Die Kunst, gute Beziehungen zu führen, beginnt also mit Authentizität. Deshalb beinhaltet das Buch neben dem Wissen und Können über das Gestalten von Beziehungen auch zahlreiche Übungen, mit denen Sie etwas über sich erfahren können. Damit ist eine Einladung verbunden, bei sich selbst Detektiv zu spielen. Entdecken Sie Ihre bevorzugten Kommunikationsmuster.

„Die Zukunft liegt nicht nur in den Genen. Sondern in unseren Herzen", lautete ein politischer Slogan einer Bundespartei im hannoverschen Kommunalwahlkampf 2001. Diesen Slogan im Rahmen der Berufsausbildung mit Leben zu füllen, ist eine Herzensangelegenheit des Autors. Dabei geht es nicht um eine Haltung nach dem Guildo-Horn-Motto: „Piep, piep, piep, ich hab' dich lieb." Ganz im Gegenteil – die Devise lautet: Professionelle Beziehungsarbeit statt „Kuschel-Management". Was darunter zu verstehen ist und wie Kommunikation durch professionelle Beziehungsarbeit gestaltet und gefördert werden kann, erfahren Sie auf den nächsten Seiten. Möge das Studium des Buches dazu beitragen, Sie zu einem „Beziehungs-Weisen" statt „Beziehungs-Waisen" zu qualifizieren.

Es liegt in Ihren Händen, im Rahmen der beruflichen Erstausbildung die Herzen vor Freude höher schlagen zu lassen. Nutzen Sie diese Möglichkeit und initiieren Sie eine Beziehungsarbeit, die es den Auszubildenden erlaubt, von der Erstausbildung bis weit über die berufliche Fort- und Weiterbildung hinaus mit Freude zu lernen und zu wachsen.

Im Übrigen bitte ich die Leserinnen, sich im „Ausbilder und Ausbildungsbeauftragten", im „Mitarbeiter" und im „Vorgesetzten" gut aufgehoben zu fühlen. Ich bin der Meinung, dass es für die Leser zu ermüdend wäre, auf jeder Seite dieses Buches mehrfach die Formulierungen „Ausbilderinnen und Ausbilder", „Mitarbeiterinnen und Mitarbeiter" sowie „Vorgesetzte und Vorgesetzter" aufzunehmen. Deshalb habe ich auf diese Doppelbezeichnung verzichtet und bitte um Nachsicht für diese lesefreundliche Entscheidung.

In das vorliegende Buch sind viele eigene und teilweise fremde Unterlagen eingeflossen, die nirgendwo als Publikationen vorliegen. Es handelt sich um Vorlagen in Form von Arbeitspapieren, Folien, Flipchart- oder Metaplan-Plakaten, auf die der Autor im Verlauf seiner praktischen Bildungsarbeit gestoßen ist. Das korrekte Zitieren ist gelegentlich daran gescheitert, dass die Verfasser zum Teil nicht mehr ermittelt werden konnten.

Pattensen-Hüpede, im Sommer 2003
Michael Kluge

Inhaltsverzeichnis

1	Berufsausbildung als professionelle Beziehungsarbeit	9
1.1	Ausbilden heißt kommunizieren	11
1.2	Kommunizieren heißt Beziehungen gestalten	11
	Der Ton macht die Musik	12
	Zuwendung und Vertrauen	12
	Fallbeispiel: Der verunsicherte Azubi	14
1.3	Beziehungen gestalten durch Transaktionsanalyse	16
	Was ist die Transaktionsanalyse?	16
	Die vier Bereiche der transaktionalen Analyse	18

2	Das „ABC" der Transaktionsanalyse für ein Beziehungsmanagement in der Ausbildung	21
2.1	Die Grundeinstellung zu sich und anderen	21
	Wer ist okay?	21
	Übung: Entdecken Sie Ihre Grundposition – Teil I	24
	Tipps für die Praxis	26
2.2	Die Azubis und ihre Ich-Zustände	27
	Das Eltern-Ich	29
	Das Erwachsenen-Ich	32
	Das Kindheits-Ich	33
	Übung: Entdecken Sie Ihre Grundposition – Teil II	35
2.3	Schweigen ist kein Lob: Das Konzept der Zuwendung	36
	Vier Arten von Zuwendungen	37
	Das Streben nach Beachtung	39
	Übung: Entdecken Sie Ihre Grundposition – Teil III	41
	Die Kultur der Selbstverständlichkeit	43
	Tipps für die Praxis	45

3	Das Anwenden der Transaktionsanalyse in der Beziehungsarbeit	47
3.1	Mini-Verträge erhöhen die Motivation	47
	Das Konzept der Vertragsarbeit	47
	Vorteile von Verträgen	50
	Tipps: So schließen Sie Mini-Verträge	51
	Exkurs „Streichelverträge"	52

3.2 Gesprächsfördernde und -blockierende Transaktionen 53
    Entspannung: Parallele Transaktionen 55
    Konflikt vorprogrammiert: Gekreuzte Transaktionen 57
    Fallbeispiel: Der „Null-Bock-Azubi" 59
    Tipps und Mini-Quiz 61

4 Foulspiel in der Beziehungsarbeit 67

4.1 Der Hintergrund von Psycho-Spielen 67
    Das Drama-Dreieck:
    Ein einfaches Instrument zur Analyse von Spielen 68
    Fallbeispiel: Der „Ich-bin-dumm-Azubi" 70
4.2 Typische Spielköder: Wege aus dem „Psycho-Krieg" 72
    Spiel-Köder im Überblick 72
    Fallbeispiel: Der „Ich-hab-mich-doch-bemüht-Azubi" 79
    Exkurs: Die gefährlichen Helfer –
    Wenn der Ausbilder zum Über-Vater mutiert 82
    Übung: Hinterfragen Sie Ihr eigenes „Spielverhalten" 87
4.3 Lieblingsspiele im (Ausbildungs-)Alltag 88
    Fallbeispiel: Das „Gerichtssaal-Spiel" 88
    Exkurs: Moderation – Schlichtung von Konflikten 90
    Fallbeispiel: Das „Tritt-mich-Spiel" 92

5 Kreative Interventionen in Beziehungskrisen 95

5.1 Symbiose: Wege aus der „Rockzipfel-Beziehung" 96
    Fallbeispiel: Der passive Azubi 96
    Tipps: So gehen Sie mit Passivität um 101
    Fallbeispiel: Der „maulfaule" Azubi 102
    Tipps: Wie Sie ein ausführliches Feedback erhalten 104
    Übung: Das Weggehen 106
5.2 Exkurs: Motivation – Tsjakkaa, du schaffst es oder nicht 109
5.3 Konfrontation: Den Grund liefern die Auszubildenden 118
    Fallbeispiel: Der „Zuviel-privat-Telefonierer-Azubi" 118
    Tipps: So konfrontieren Sie unangemessenes Verhalten 120
5.4 Grenzen in der Beziehungsarbeit 122

6 So gelingt Ihnen der Praxistransfer 127

Literaturhinweise 129

Personen- und Stichwortverzeichnis 132

1 Berufsausbildung als professionelle Beziehungsarbeit

In einer Kreditorenbuchhaltung eines Industriebetriebes werden alle eingehenden Rechnungen eingescannt, die wiederum stichprobenartig auf Lesbarkeit geprüft werden. Obwohl die zuständige Sachbearbeiterin es in den letzten drei Wochen versäumt hat, ihrer Aufgabe nachzukommen, ist sie in Urlaub gegangen. Ihre Urlaubsvertretung, die im Nachhinein die Rechnungen prüfen soll, delegiert diese Aufgabe an ihre Auszubildende. Nach drei Wochen Rechnungsprüfung entschließt sich die Auszubildende ihre Ausbildungsbeauftragte anzusprechen, um ihr mitzuteilen, dass sie noch etwas anderes lernen möchte. Weil sie nicht weiß, wie sie diese prekäre Situation ansprechen kann, sucht sie ihren vorherigen Ausbilder auf, in der Hoffnung, dass dieser ihr einen Tipp geben kann. Es entwickelt sich folgendes Gespräch:

Azubi: *„Guten Tag, Herr Müller. Haben Sie einen Moment Zeit für mich? Ich würde gerne mit Ihnen etwas besprechen?"*

Ausbilder: *„Worum geht es denn?"*

Azubi: *„Ich bin seit drei Wochen in der Kreditorenbuchhaltung und prüfe seitdem die eingehenden Rechnungen. Ich würde gerne meiner Ausbildungsbeauftragten sagen, dass ich auch andere Aufgaben kennen lernen und ausüben möchte. Ich weiß, dass ich die Situation ansprechen muss. Allerdings weiß ich nicht, wie ich das sinnigerweise anstellen kann."*

Ausbilder: *„Ich habe den Eindruck, dass Sie den Sinn der Rechnungsprüfung noch nicht erfasst haben. Haben Sie schon einmal mit Ihrer Ausbildungsbeauftragten darüber gesprochen?"*

1 Berufsausbildung als professionelle Beziehungsarbeit

Azubi: „Nein."

Ausbilder: „Vielleicht sollten Sie einmal mit Ihrer Ausbildungsbeauftragten sprechen. Das dürfte doch kein Problem sein. Oder?"

Azubi: „Doch, sonst hätte ich mich nicht vertrauensvoll an Sie gewandt."

Ausbilder: „Na ja, das Problem scheint in Ihrer Person zu liegen."

Azubi: „Ich weiß einfach nicht, wie ich das Gespräch anfangen soll. Was halten Sie davon, wenn ich ..." (Die Auszubildende schildert eine Gesprächsstrategie)

Ausbilder: „Ob das der richtige Weg ist, mag ich bezweifeln. Oder sehen Sie das anders?"

Azubi: „Hm ..."

Ausbilder: „Ich schlage Ihnen vor, dass Sie erst einmal mit Ihrer Ausbildungsbeauftragten sprechen. Wenn Sie das nicht schaffen, spreche ich mit ihr. Okay?

Azubi: „Ich werde es versuchen."

Kommunikative Kompetenz „Für die Fähigkeit, Menschen richtig zu behandeln, zahle ich mehr als für jede andere", hat Rockefeller in den 1930er Jahren gesagt. Was er damals erkannt hat, gilt heute erst recht für die Berufsausbildung. Während es in den 1950er-, 1960er- und 1970er-Jahren noch richtig war, sich als Ausbilder vorrangig auf die Weitergabe von Fachwissen und Können zu konzentrieren, wäre es heute kontraproduktiv, sich als Ausbilder hinter die Fachkompetenz zu verstecken. Durch die Überarbeitung von zahlreichen Ausbildungsordnungen und durch das Erlassen von Neuordnungen hat sich seit Ende der 1980er-Jahre der Fokus innerhalb der Berufsausbildung zugunsten der Persönlichkeitsförderung verschoben, ohne die beiden anderen Ziele – Vermittlung von berufstypischen Fertigkeiten und Kenntnissen sowie der Erwerb von Berufserfahrungen – sträflich zu vernachlässigen. Mit diesem Prozess war die Geburt eines Ausbildertyps verbunden, dessen Kompetenz neben der Vermittlung von Wissen und

Können darin besteht, Ausbildungsbeziehungen effektiv zu managen. Diese Fähigkeit beinhaltet in ganz besonderem Maß eine kommunikative Kompetenz, die es dem Ausbilder ermöglicht, mit schwierigen Situationen sowie Konflikten konstruktiv umzugehen. Konsequenterweise stellt sich die Frage: Warum ist es im Rahmen der Berufsausbildung so wichtig, über die Fähigkeit zu kommunizieren zu verfügen?

1.1 Ausbilden heißt kommunizieren

Man kann nicht nicht kommunizieren, meint der österreichische „Kommunikations-Papst" PAUL WATZLAWICK. Dieses „Naturgesetz" gilt uneingeschränkt für die Berufsausbildung. Einführungs-, Unterweisungs-, Zwischen-, Beurteilungs-, Beratungs- und Konfliktgespräche – das Spektrum der Gesprächsanlässe in der Berufsausbildung ist vielfältig. Analog zum Alltag einer Führungskraft besteht das Tagesgeschäft des Ausbildungspersonals zu 80 Prozent aus (non-)verbaler Kommunikation. Das bedeutet: Ausbilden ist kommunizieren.

1.2 Kommunizieren heißt Beziehungen gestalten

Gelungene Kommunikation hängt nicht allein vom Willen ab – wobei das eine sehr gute Voraussetzung ist –, sondern auch von der Fähigkeit zu durchschauen, dass Kommunikation viele Dimensionen hat; sie ist einerseits Austausch von Inhalten, andererseits auch immer Ausdruck von zwischenmenschlichen Beziehungen. Dies spiegelt sich in einem Grundgesetz menschlicher Kommunikation wider, das PAUL WATZLAWICK so definiert: „Jede Kommunikation hat einen Inhalts- und einen Beziehungsaspekt, derart, dass letzterer den ersteren bestimmt ..." (WATZLAWICK 1985, S. 56). Auf eine kurze Formel gebracht: Beziehung geht vor Inhalt! Daraus folgt: Wenn die Beziehung zwischen den Gesprächspartner schlecht ist, sind selbst einfachste Inhalte schwierig oder gar nicht zu vermitteln. Mit anderen Worten: Die Beziehungsqualität ist der Schlüssel zum Ausbildungserfolg.

Beziehung geht vor Inhalt!

Der Ton macht die Musik

Worte reichen nicht

Verständigung ist eben mehr als verbaler Informationsaustausch. Das Wort Kommunikation kommt aus dem Lateinischen von communis und bedeutet gemeinsam, gemeinschaftlich. Es wäre ein Fehler zu glauben, im Rahmen von Kommunikationsprozessen komme es vor allem auf die geschickte Wortwahl an. Das allein reicht nicht. Die Forschungsergebnisse des amerikanischen Psychologen ALBERT MEHRABIAN haben bereits 1971 gezeigt, was wirklich beim Kommunizieren ausschlaggebend ist:

▶ die Worte, also der Inhalt: 7 Prozent,
▶ die Stimme: 38 Prozent,
▶ die Physiognomie und Körpersprache: 55 Prozent.

Jene Zahlen waren so extrem, dass die Studie nicht ohne Kritik bleiben konnte. Wie die Zahlen in der Praxis auch immer sein mögen, fest steht, dass der nonverbale Anteil einen erheblichen Einfluss auf die Wirkung des Gesagten hat. „Der Ton macht die Musik." Oder: „Wie man in den Wald hineinruft, so schallt es heraus." Es wäre schade, wenn Sie solche Volksweisheiten ignorieren, denn in ihnen steckt einiges an wissenschaftlichen Erkenntnissen zum Thema „Kommunikation".

Zuwendung und Vertrauen

Zuwendung als Grundbedürfnis

„Der Mensch braucht den Mitmenschen mehr als Brot und Wasser. Wir leben nur aus unseren menschlichen Kontakten heraus: Das ist die Luft, die wir atmen", schreibt der deutsche Psychologe Josef Rattner (RATTNER 1999, S. 74). Dies korrespondiert mit der Maslow'schen Bedürfnispyramide: Nachdem auf den unteren Ebenen die Grund- und Sicherheitsbedürfnisse befriedigt worden sind, entwickeln Bedürfnisse nach menschlicher Zugehörigkeit und Zuwendung ihre treibende Kraft. Allein aus diesen Hinweisen lässt sich schlussfolgern, dass Kommunikation alles andere ist als das pure Weitergeben von Wissen und Können: Ausbildungsorientierte Kommunikation ist zeitlich befristete Beziehungsarbeit. Leistung und soziale Nähe sowie Wärme gehören zusammen wie siamesische Zwillinge: Nur vereint sind sie zu kriegen. Dadurch gewinnt das In-Beziehung-Treten eine stärkere Bedeutung als je zuvor.

In jeder Ausbildung entsteht zwischen Ausbildern und Auszubildenden eine Beziehung. Diese Beziehungen beeinflussen zwangsläufig das Ausbilder- und Lernverhalten. Der Schlüssel zum Ausbildungserfolg sind nicht die Informationen. Es sind die Menschen. Sie können in einer sich stets wandelnden (Arbeits-)Welt Gefühle von Sicherheit, Geborgenheit, Zuwendung und Anerkennung vermitteln. Deshalb liegt der Ansatzpunkt zum Lernerfolg auf der Beziehungsebene: Je tragfähiger diese Beziehungen sind, desto eher können Fehler verkraftet werden, und zwar auf beiden Seiten.

Auszubildende müssen Sachinformationen mit positiven Gefühlen verknüpfen können. Nur dadurch ist gewährleistet, dass sie diese entsprechend speichern und erinnern können. Geradezu kontraproduktiv ist es, wenn negative Gefühle – die beispielsweise durch abwertende Äußerungen vonseiten des Ausbildungspersonals erzeugt werden – mit Ausbildungsinhalten verknüpft werden. Das Abwerten des Auszubildenden stellt eine der Hauptblockaden in der Ausbildung dar. Wer mit Sätzen wie „Du bist so dumm, dass es brummt", oder „Das habe ich dir schon tausendmal erklärt", gedemütigt wird, kann unter Umständen nicht mehr lernen. Ein Lernen im Kontext von negativen Empfindungen wie Schuld und Scham wirkt sich logischerweise ungünstig auf die Lern-Motivation aus.

Abwertung als Lernblockade

Auszubildende, die lernen, gehen an ihre Grenzen von Wissen und Nicht-Wissen, Können und Nicht-Können. Dazu ist Mut und Vertrauen nötig. Erst auf dieser Grundlage kann eine für beide Seiten fruchtbare Beziehung gedeihen. Dabei ist das Risiko, das der Auszubildende eingeht, weitaus höher als das des Ausbilders. Denn Ausbilder sind Auszubildenden in mancherlei Hinsicht überlegen: Sie können Gefahren abschätzen und auf der Basis ihrer Erfahrungen vorausschauend handeln. Solch biografischer Hintergrund kann in der Zusammenarbeit fruchtbar und konstruktiv, aber auch blockierend sein, wenn der Erfahrungsschatz des Ausbilders als Besserwisserei benutzt oder missverstanden wird, wenn Ausbilder mit dem Wissen um Gefahren Auszubildende nicht loslassen, wenn Ausbilder ihre Auszubildenden festhalten

Mut und Vertrauen

und sie damit in deren intellektueller wie emotionaler Entwicklung behindern. Trotz all dieser Risiken kommt der Auszubildende in der Regel nicht umhin – wenn sich eine fruchtbare Beziehung zwischen Ausbilder und Auszubildenden entwickeln soll – dem Ausbilder von der ersten Minute an zu vertrauen. Wird dieses Vertrauen durch (subtile) Demütigungen und Verletzungen missbraucht, führt das zum Kontaktverlust in der Beziehung.

Fallbeispiel: Der verunsicherte Azubi

In der Abteilung „Rechnungswesen" eines mittelständischen Unternehmens betreut Ausbilder Meier einen jungen Auszubildenden, der wenig Bereitschaft zeigt, selbstständig zu arbeiten. Er muss ständig genaue Vorgaben machen und auf alles selbst achten. Das stört ihn, und er fragt sich, worin das Verhalten des Auszubildenden begründet sein könnte. Als er genauer über die Situation nachdenkt, erinnert er sich daran, dass der Start des Auszubildenden in der Abteilung alles andere als günstig war. Als der Auszubildende neu in die Abteilung kam, hatte Ausbilder Meier viel zu tun und hat sich wenig um ihn gekümmert. Er hat ihn bewusst Fehler machen lassen und dann noch verspottet. Der Auszubildende wurde nicht gut eingearbeitet. Vermutlich fühlt sich der Auszubildende unsicher in der Arbeit und hält sich deswegen bedeckt. Mit seinem Vertrauen, das er anfangs dem Ausbilder geschenkt hat, wurde „Schindluder" getrieben.

Ausbildungsblockaden Solche Beziehungsblockaden behindern das Lernen und führen schließlich zu Ausbildungsblockaden. Ohne Vertrauen ist keine produktive Kooperation denkbar. Vertrauen ist die Basis von Ausbildung. Sich ausbilden lassen heißt, sich jemanden anvertrauen. „Fehlt es an Vertrauen, ist alles wie verhext. Dann bekommt die Beziehung zwischen Ihnen und Ihrem Mitarbeiter gleichsam ein Minus vor die Klammer. Alles verkehrt sich ins Gegenteil" (SPRENGER 2002, S. 51). So betrachtet ist Vertrauen keine willkommene Begleiterscheinung einer guten Ausbildungsbeziehung, sondern deren Voraussetzung.

Vertrauensvorschuss Auszubildende, die in eine unbekannte Umgebung kommen, fremde Menschen kennen lernen und neue Aufgaben übertragen bekommen, neigen in aller Regel dazu, dem Ausbilder zu vertrauen. Dieser Vertrauensvorschuss ist mit der Hoffnung gekoppelt, in dem Ausbilder einen Menschen zu finden, der dem Bedürfnis nach Orientierung und Struktur gerecht wird. „Ein Vertrauensvorschuss heißt nicht zufällig so: Er ist verrechenbar. Vertrauen ist immer ein Vertrauen 'auf Probe'" (Sprenger 2002, S. 75). Wenn Auszubildende in der „Probezeit" feststellen, dass sich ihr Vertrauensvorschuss nicht amortisiert oder missbraucht wird, wenden sie sich ab.

Fortsetzung Fallbeispiel:

Angenommen, Sie sind in der Situation von Ausbilder Meier: Wie gehen Sie vor? Was wollen Sie erreichen?

Es liegt nahe, dass Sie mit dem Auszubildenden ein Gespräch führen, um die bisherige Situation gemeinsam zu reflektieren. Während dieser Reflektion ist es unabdingbar, dass Sie sich für Ihr Verhalten entschuldigen. Diese Entschuldigung sollte nicht in einem Nebensatz erfolgen, sondern als Hauptsatz. Warum? Erst wenn Sie dem Azubi deutlich signalisieren, dass Sie Mist gebaut haben und diesen Fehler eingestehen, ist er – wenn überhaupt – bereit, sich zu öffnen, sprich Ihnen erneut Vertrauen entgegen zu bringen. Wenn Sie zu dieser Leistung nicht bereit sind, wird er vor dem Hintergrund des Missbrauchs seines Vertrauens während des gesamten Gespräches auf der Lauer liegen. Egal, was Sie sagen, er hat die Erfahrung gemacht, dass Sie ihn ins offene Messer haben laufen lassen. Warum sollte er also annehmen können, dass sich in der Zusammenarbeit etwas Derartiges nicht wiederholt, wenn Sie mit keinem Sterbenswörtchen Ihr Fehlverhalten eingestehen. Und wie soll ein junger Mensch lernen, dass es in Ihrem Unternehmen okay ist, Fehler zu machen und diese einzugestehen, wenn Sie sich als Modell verweigern. Erst auf der Basis der Entschuldigung ist ein offenes Gespräch möglich, indem Sie beispielsweise vereinbaren, dass der Auszubildende für einen überschaubaren Arbeitsbereich alleine zuständig sein soll. Bei der Auswahl des Arbeitsbereiches achten Sie darauf, dass das Bewältigen der Aufgaben zu überprüfbaren Erfolgserlebnissen führen kann. Auch können Sie dem Azubi anbieten, ihn in der ersten Zeit zu unterstützen und ihn dann Schritt für Schritt alleine arbeiten zu lassen. All diese Maßnahmen sollen dazu beitragen, den Auszubildenden Sicherheit in der Arbeit gewinnen und langsam das Übernehmen von Verantwortung und Eigeninitiative lernen zu lassen.

1.3 Beziehungen gestalten durch Transaktionsanalyse

Um das Vertrauen der Auszubildenden entsprechend würdigen und die Beziehungsarbeit professionell gestalten zu können, bedarf es angesichts zunehmender Technisierung zunächst einer Neuorientierung in der Berufsausbildung: Ziel muss es sein, künftig ein beziehungsorientiertes Begleiten von Lernprozessen anzustreben. Dies bedingt ein wirksames Instrumentarium. Dieses Know-how stellt die Transaktionsanalyse zur Verfügung.

Was ist die Transaktionsanalyse?

Kommunikationsprozesse erklären

Die Transaktionsanalyse, im Folgenden kurz TA genannt, ist u.a. eine Methode zum Erklären von Kommunikationsprozessen. Sie bietet Ihnen die Möglichkeit, Kommunikationsverläufe bewusster zu erleben, den Gesprächspartner zu verstehen und sich dadurch besser auf ihn einzustellen. Gerade dieses Erkennen und Verstehen ermöglicht gezielte Maßnahmen zum Verbessern von Ausbildungsklima, beruflicher Wirksamkeit und persönlichem Wohlbefinden. Daraus resultiert die Chance, Kommunikationsprozesse letztendlich wirksamer zu gestalten.

Ich-Zustände

Die TA erklärt in einer einfachen Art und Weise, dass eine Person von drei verschiedenen psychologischen Ebenen aus agieren kann: aus dem Eltern-Ich-, Erwachsenen-Ich- oder Kindheits-Ich-Zustand. Tatsächlich sind diese Ich-Zustände keine konkreten Einheiten. Die Begriffe Eltern-Ich, Erwachsenen-Ich und Kindheits-Ich sind drei Etiketten, die dazu dienen, drei unterschiedliche Systeme von Verhalten, Denken und Fühlen zu bezeichnen.

In der Theorie der TA wird davon ausgegangen, dass das menschliche Gehirn von frühester Kindheit an alle Erfahrungen, Wahrnehmungen und Gefühle aufzeichnet. In der

Kommunikation mit anderen werden diese Aufzeichnungen aktiviert; sie beeinflussen die Reaktionen.

Alle diese Aufzeichnungen sind nicht löschbar, wie WILDER PENFIELD in seinen Versuchen an Epilepsie-Patienten nachgewiesen hat. Er hatte bei örtlicher Betäubung an verschiedenen Stellen im Gehirn des Patienten Elektroden angelegt und herausgefunden, dass man mittels elektrischer Reize stets den gleichen Gedanken oder das gleiche Erlebnis im menschlichen Gehirn wiederholen kann.

Handlungskompetenz

Der Ansatz der TA ist auf Persönlichkeitsentwicklung im Sinne von Verantwortlichkeit (Autonomie) gerichtet. Insofern liegt es nahe, Ihnen – liebe Leserinnen und Leser – dieses Instrumentarium als Kommunikationswerkzeug zum Fördern der beruflichen Handlungskompetenz zugänglich zu machen. Zumal das Fördern der beruflichen Handlungskompetenz mit mehr Selbstbestimmung und Selbstverantwortung in der Berufswelt korreliert.

Entstehung der TA

Die Transaktionsanalyse wurde Mitte der 1950er-Jahre von dem in Kanada geborenen ERIC BERNE als Therapiekonzept entwickelt. Als Arzt, Psychiater und psychoanalytisch ausgebildeter Psychotherapeut erwarb Berne während seiner Militärzeit Erfahrungen als Gruppentherapeut. In den 1950er-Jahren veröffentlichte er die erste Zusammenfassung seiner Lehre von den Ich-Zuständen.

Die Quellen der TA sind im Wesentlichen die Psychoanalyse SIGMUND FREUDS, das Werk ALFRED ADLERS – insbesondere das Konzept des „Lebensstils" – und die humanistische Psychologie. Durch Buchtitel wie „Ich bin okay, du bist okay" von THOMAS A. HARRIS oder BERNES internationalen Millionenbestseller „Games People Play", 1964 (Spiele der Erwachsenen, 1967), kam es zu einer Verbreitung der TA innerhalb weniger Jahre.

Heute ist die Arbeit mit und um die TA durch die Internationale Gesellschaft für Transaktionsanalyse (ITAA), die Europäische Vereinigung (EATA) und die Deutsche Gesellschaft für Transaktionsanalyse e.V. (DGTA) organisiert.

Die vier Bereiche der transaktionalen Analyse

Im Verlauf der Jahre entwickelten sich vier große miteinander verbundene Teilgebiete der transaktionalen Analyse: die Strukturanalyse, die Transaktionsanalyse, die Spielanalyse und die Skriptanalyse.

Strukturanalyse

1. Die *Strukturanalyse* stellt das Grundkonzept für alle anderen Bereiche des transaktionsanalytischen Systems. Sie befasst sich mit der Persönlichkeitsstruktur des Menschen, also mit dem, was in Menschen vorgeht. Sie geht davon aus, dass jeder Mensch drei Ich-Zustände hat, die in ihrer Gesamtheit die Person ausmachen. BERNE nennt diese Zustände: Eltern-, Erwachsenen- und Kindheits-Ich.

Transaktionsanalyse

2. Die *Transaktionsanalyse* befasst sich mit dem, was in der Kommunikation zwischen den Menschen vorgeht. Im Sinne der TA besteht der Kommunikationsprozess aus Transaktionen zwischen den einzelnen Ich-Zuständen. Eine Transaktion ist die kleinste Kommunikationseinheit: Sie besteht zum Beispiel aus einer Frage (= Transaktionsreiz) und einer Antwort (= Transaktionsreaktion). Die TA bietet Ihnen die Möglichkeit, die Art und Weise zwischenmenschlicher Kommunikation zu erfassen, zu beschreiben und zu erklären. Gerade dieses Erkennen und Verstehen persönlichkeits- und systembedingter Konflikt- und Störquellen erlaubt gezielte Maßnahmen zum Verbessern von Ausbildungsklima, beruflicher Wirksamkeit und persönlichem Wohlbefinden.

Spielanalyse

3. Die *Spielanalyse* befasst sich mit komplizierten Kommunikationsmustern, die als „Standardversionen" immer wiederkehren und zu einem vorhersehbaren Ausgang führen. Dieser vorhersehbare Ausgang besteht aus schlechten Gefühlen bei einem oder allen am „Spiel" Beteiligten.

Skriptanalyse

4. Die *Skriptanalyse* befasst sich mit der Frage, wie das Kommunikationsverhalten eines Menschen mit seiner persönlichen Vergangenheit zusammenhängt. „Die Skriptanalyse besteht vor allem in der Aufdeckung der erlebnisgeschichtlichen Wurzeln unbedachter bis unbewussten Grundüberzeugungen, die in der Transaktionsanalyse Einschärfungen oder destruktive Grundbotschaften genannt

werden. Es sind die Schlussfolgerungen aus prägenden Schlüsselerlebnissen, die vom Kind in seinen Bezugsrahmen aufgenommen worden sind. Deshalb kann das Skript als festgefahrener, gleichsam ‚vertrauter' Bezugsrahmen aufgefasst werden" (SCHLEGEL 2002, S. 10).

In diesem Buch werden die drei ersten Bereiche der transaktionalen Analyse aufgegriffen und in ihren Grundzügen skizziert.

Als Coaching-Methode beinhaltet die Transaktionsanalyse das theoretische und praktische Wissen, um Auszubildende bei dem Prozess der beruflichen Entscheidungsfindung und Gestaltung zu unterstützen. Von der therapeutischen Anwendung der TA unterscheidet sich ihr Einsatz im Feld Coaching dadurch, dass hier das medizinische Krankheitsmodell *nicht* zugrunde gelegt wird. Coaching als Hilfe bei der Entscheidungsfindung setzt beim Auszubildenden eine grundsätzliche Autonomie und geistig-psychische Gesundheit voraus, die durch geeignete Methoden zu fördern und freizusetzen ist. Coaching konzentriert sich auf die menschlichen Stärken, positiven Leidenschaften und die Kraft von ungenutzten Möglichkeiten.

Coaching-Methode

Durch das Studium der Transaktionsanalyse gewinnen Sie ein tieferes Verständnis über menschliche Zusammenhänge; Sie erfahren nicht nur, was und wie etwas funktioniert, sondern vor allem, warum etwas gelingt beziehungsweise in manchen Fällen nicht gelingen kann. Dabei geht es nicht darum, die Berufsausbildung zu psychologisieren, sondern ein Hintergrundwissen zu vermitteln, dass ein professionelles berufspädagogisches Handeln in der Beziehungsarbeit zwischen Ausbilder und Auszubildenden ermöglicht.

Ausbilden kann dann gelingen, wenn sich die persönlichen Beziehungen zwischen Ausbilder und Auszubildenden in einem Klima menschlicher Begegnung und gegenseitiger Unterstützung entwickeln. Um dies zu gewährleisten, entdecken Sie auf den nächsten Seiten sehr brauchbare Modelle der Transaktionsanalyse. Die Modelle werden mit Hilfe von Fallbeispielen, Leitfäden und Übungen für die Praxis des Ausbildungspersonals so dargestellt, dass sie als gut verständliche Metamodelle mit unmittelbarer Handlungsrelevanz zur

TA als einfaches Werkzeug

Verfügung stehen – und zwar für Menschen ohne Vorkenntnisse in dieser Methode. Dies wird allein schon deshalb gelingen, weil sich die Transaktionsanalytiker von Beginn an um eine einfache Sprache bemüht haben; die TA ist frei von Fachchinesisch. Darin liegt auch der Grund, warum der Autor auf die TA als Kommunikationswerkzeug zurückgreift: Sie ist eine sehr „einfache" und sogleich effektive Kommunikationsmethode.

2 Das „ABC" der Transaktionsanalyse für ein Beziehungsmanagement in der Ausbildung

2.1 Die Grundeinstellung zu sich und anderen

Wie bereits erwähnt: Ausbildungsorientiert zu kommunizieren heißt Beziehungen zu gestalten. Wie wirkungsvoll im Einzelfall sich diese Beziehungsarbeit entwickelt, hängt in entscheidendem Maße davon ab, mit welcher Grundeinstellung Sie Ihrem Auszubildenden begegnen. Die Grundeinstellung beziehungsweise Lebensposition entspricht der Tönung Ihrer „Brille" (gleich Wahrnehmungsfilter) durch die Sie sich, die anderen Menschen und die Welt „wahr"-nehmen. Diese Grundeinstellung spiegelt Ihre Werteinschätzung über sich, andere Menschen und die Welt wider. „Was immer Sie über jemanden sagen, ist Ihre Wahrheit. Niemals die Wahrheit" (SPRENGER 2000, S. 83).

Wer ist okay?

Grundeinstellungen beziehungsweise Lebenspositionen entwickeln sich bereits in der frühen Kindheit. Das Denken, Fühlen und Handeln des Kindes positioniert sich in Abhängigkeit von den Reaktionen der Bezugspersonen. Später können diese Grundeinstellungen wie Wahrnehmungsfilter wirken: Der Mensch neigt dazu, bevorzugt die Aspekte zu sehen und zu erleben, die seine Grundposition rechtfertigen und damit aufrechterhalten. In der Transaktionsanalyse werden vier Grundpositionen unterschieden:

Vier Grundpositionen

1. Ich bin okay – die anderen sind okay

Hierbei handelt es sich um die in der Transaktionsanalyse anvisierte Grundposition. Diese Selbstwerteinschätzung bedeutet: Sie sagen grundsätzlich Ja zu sich. Sie akzeptieren sich so, wie Sie sind, mit all Ihren Sonnen- und Schattenseiten. In dieser konstruktiven Haltung fühlen Sie sich weder

Ich+/Du+

über- noch unterlegen. Sie achten und tolerieren den anderen als Person mit seinen Werten, Meinungen, Gefühlen und Bedürfnissen. Sie sagen Ja zum anderen mit all seinen Stärken und Schwächen. Ausbildungskräfte mit dieser Einstellung vertrauen ihren Auszubildenden, solange ihnen nicht in krasser Weise die Basis für ihr Vertrauen entzogen wird.

Diese konstruktive Grundeinstellung hat nichts mit Sozialromantik zu tun. Sie müssen nicht alles „okay" finden, was Ihr Auszubildender sagt oder macht. Ganz im Gegenteil: Ihre Aufgabe ist es, auf Fehler hinzuweisen. Allerdings wird die Auseinandersetzung ausschließlich um die Sache geführt. Es werden Arbeitsergebnisse besprochen, dabei wird Ihr Auszubildender in keiner Weise abgewertet oder verletzt. Dieses Prinzip gilt auch für die Selbstkritik.

Wenn Sie diese Grundposition einnehmen, halten Sie das Erfolgsrezept für das Entwickeln einer fruchtbaren Beziehungsarbeit in Ihren Händen.

2. Ich bin okay – die anderen sind nicht okay

Ich +/Du –

Diese Einstellung bezeichnet ERIC BERNE als arrogant. Sie resultiert nicht selten aus einem Gefühl von Macht und Überlegenheit. Menschen mit dieser Einstellung suchen selten Fehler bei sich selbst, sondern häufiger bei anderen oder den „Umständen". Sie wissen, wo die Schuldigen zu finden sind. Typisch für diese Haltung ist die Art und Weise, wie Feedback gegeben wird: Eine berechtigte Kritik, die sich auf das Arbeitsergebnis oder Arbeitsverhalten bezieht, ist stets mit einer Abwertung der Person gekoppelt. Auch das Annehmen von positivem Feedback wird von diesen Menschen nicht voll akzeptiert, weil es von Menschen kommt, die in der Wahrnehmung des Gelobten nicht in Ordnung sind.

Diese Haltung dient in vielen Fällen dazu, die eigene Nichtokay-Einstellung zu überdecken. Ausbildungskräfte mit dieser Einstellung können schlecht Aufgaben delegieren, weil sie der Ansicht sind, dass sie die Aufgaben eh' am besten erledigen können. Sie besitzen ein hohes Maß an Misstrauen. Bei psychologischen Spielen (s. Kapitel 4) ist die Verfolgerposition ihre favorisierte Rolle.

Andererseits handelt es sich bei dieser Einstellung um eine „Hoffnungsposition": Diese Menschen haben die Erfahrung gemacht, dass sie sich in einer Krise selbst helfen können. Nach der Devise: „Ich schaff das schon!" Auch als Schutzmechanismus, um sich gegebenenfalls gegenüber anderen abgrenzen zu können, ist diese Position bedeutsam.

3. Ich bin nicht okay – die anderen sind okay

Menschen mit dieser Einstellung haben ein schwach ausgeprägtes Selbstwertgefühl: Sie fühlen sich im Vergleich mit anderen kraftlos, trauen sich selbst nichts zu, wirken überangepasst, ängstlich, verschließen sich, ziehen sich zurück. Aussagen, die sie treffen, sind meist mit Selbstabwertungen verbunden. Zum Beispiel: „Darf ich mal eine ganz dumme Frage stellen?" Oder: „Ich kann das bestimmt nicht so gut wie Sie!" BERNE spricht hier von der „depressiven Position". Bei psychologischen Spielen (s. Kapitel 4) schlüpfen sie meistens in die Opfer-Rolle.

Ich –/Du +

Auch bei dieser Position handelt es sich um eine „Hoffnungsposition": Können doch diese Personen in einer Krise darauf vertrauen, dass es Menschen gibt, die ihnen helfen können.

4. Ich bin nicht okay – die anderen sind nicht okay

Menschen in dieser Position befinden sich in einer „Sackgasse": Sie verknüpfen mit ihrer inneren Einstellung ein Gefühl tiefer Ziel- und Sinnlosigkeit. Diese Menschen sehen weder bei sich noch bei anderen etwas Positives. Konstruktive und lebensbejahende Lösungen werden abgewertet. Menschen, die diese am wenigsten wünschenswerte Grundposition über einen längeren Zeitraum einnehmen, sind im Regelfall ernsthaft gefährdet und brauchen fachkundige Beratung, mitunter auch therapeutische Hilfe. Nicht umsonst spricht BERNE in diesem Fall von einer suizidalen Position.

Ich –/Du –

Das Konzept der „Lebenspositionen" kann schematisch wie folgt dargestellt werden:

2 Das „ABC" der Transaktionsanalyse für ein Beziehungsmanagement

	Ich bin nicht okay	Ich bin okay	
Die anderen sind okay	Führt zu der Position: Ich bin nicht okay – die anderen sind okay (Ich –/Du +) Konsequenzen: Leicht depressiv, Minderwertigkeitsgefühl	Führt zu der Position: Ich bin okay – die anderen sind okay (Ich +/Du +) Konsequenzen: Positiv, konstruktiv	Die anderen sind okay
Die anderen sind nicht okay	Führt zu der Position: Ich bin nicht okay – die anderen sind nicht okay (Ich –/Du –) Konsequenzen: „Weltuntergangsstimmung", tendenziell suizidgefährdet	Führt zu der Position: Ich bin okay – die anderen sind nicht okay (Ich +/Du –) Konsequenzen: Überheblich, arrogant, gruppenabgewandt	Die anderen sind nicht okay
	Ich bin nicht okay	Ich bin okay	

Abb. 1: Das Okay-Quadrat

Übung: Entdecken Sie Ihre Grundposition – Teil I

„Selbsterkenntnis ist der erste Schritt zur Besserung", sagt der Volksmund. Stellen Sie sich vor, Sie lassen aus der Luft ein Spiegelei auf das „Okay-Quadrat" fallen. Das Spiegelei entspricht Ihrer Zeit und Energie, die Sie täglich im Durchschnitt in jedem Quadranten verbringen. Wie wird sich das Spiegelei verteilen?

Fragen zur Reflexion:

▶ Wie sehen Sie sich?

▶ Wie sehen die Umstände aus, unter denen Sie höchstwahrscheinlich in den einen oder anderen Quadranten gehen?

Die Grundeinstellung zu sich und anderen 2.1

▶ Was ist typisch für das, was Sie denken, fühlen und/oder tun, wenn Sie sich in den einzelnen Quadranten aufhalten?

▶ Gibt es etwas, was Sie an Ihrem „Spiegelei" ändern möchten? Wenn ja, bei welcher nächsten Gelegenheit wollen Sie anders als bisher handeln?

Übungsübergreifende Fragen:

▶ Wie reagieren Sie, wenn ein Fehler auftritt? Prüfen Sie zunächst, was Sie falsch gemacht haben, oder gucken Sie erst einmal, was andere falsch gemacht haben?

▶ Was ist Ihr erster Zugang im Rahmen eines kritischen Gespräches?

  a) „Was will der denn schon wieder" (Ich +/Du −)?

  b) „Mist, was habe ich jetzt schon wieder angerichtet" (Ich −/Du +)?

▶ Bitte denken Sie an einen Auszubildenden, zu dem Sie ein gespanntes Verhältnis hatten: Mit welcher Einstellung sind Sie dem Auszubildenden begegnet? Und welche Einstellung hatten Sie dabei sich selbst gegenüber?

Übung „Ihr Feedback-Verhalten"

	niemals	selten	öfters	häufig	immer
Wie oft geben Sie anderen ein positives Feedback?					
Wie oft geben Sie anderen ein negatives Feedback?					
Wie oft nehmen Sie ein positives Feedback an?					
Wie oft nehmen Sie ein negatives Feedback an?					

▶

2 Das „ABC" der Transaktionsanalyse für ein Beziehungsmanagement

	niemals	selten	öfters	häufig	immer
Wie oft bitten Sie andere um ein positives Feedback?					
Wie oft bitten Sie andere um ein negatives Feedback?					
Wie oft geben Sie ein positives Feedback, wenn andere dies einfordern?					
Wie oft geben Sie ein negatives Feedback, wenn andere dies einfordern?					

Nutzen Sie diese Übungen, um Ihre eigene Grundhaltung zu reflektieren. Je nach Situation ist ein Wechsel zwischen den Positionen nicht nur möglich, sondern auch angebracht, dennoch überwiegt meistens eine Grundhaltung. In der Erkenntnis über Ihre Präferenz liegt der Schlüssel zu einer erfolgreichen Beziehungsarbeit. Je klarer diese Erkenntnis ausfällt, desto bewusster können Sie Ihre Beziehungsarbeit gestalten, indem Sie situationsgerecht kommunizieren.

Tipps für die Praxis

1. Streben Sie generell die Grundposition „Ich bin okay – die anderen sind okay" an. Ihre Einstellung bestimmt Ihr Handeln. Dieses wird von Ihren Auszubildenden intuitiv registriert. Insofern bestimmen Sie selbst Ihre Erfolge in Gesprächen mit Ihren Auszubildenden.

2. Wenn Sie bei einem Auszubildenden mehrere Punkte als störend empfinden, führen Sie ein T-Konto mit Soll und Haben: Listen Sie sowohl die positiven als auch die negativen Aspekte auf. Durch das bewusste Registrieren positiver Verhaltensweisen fällt es Ihnen leichter, die angestrebte Grundposition „Ich bin okay – die anderen sind okay" einzunehmen.

3. Diese Vorgehensweise können Sie auch auf sich selbst übertragen, um eine realistische Betrachtungsweise von sich selbst zu erhalten.

4. Wenn Ihre Erwartungen nicht erfüllt werden, Sie sich womöglich über einen Auszubildenden ärgern und die Ursache vor allem in seiner Persönlichkeit sehen, unterscheiden Sie zwischen Person und Situation. Häufig entgeht es der eigenen Wahrnehmung, dass der Auszubildende in einer bestimmten Situation nicht anders handeln konnte.

5. Unterscheiden Sie zwischen Person und Funktion: Ein Auszubildender ist nicht per se ein Mensch zweiter Klasse, nur weil er sich in einem Ausbildungsverhältnis befindet. „Wenn Beziehungen zwischen Menschen entstehen, die ein unterschiedliches Maß an Macht haben, sollte man sich stets vor Augen führen, dass Machtpositionen (bzw. Mangel an Macht) nicht mit dem Wert der Betreffenden als Personen identisch sind. Der persönliche Wert beider ist der gleiche" (Satir 1999, S. 423).

2.2 Die Azubis und ihre Ich-Zustände

Grundlage des psychologischen Kommunikationsmodells sind die drei Ich-Zustände. Berne definiert einen Ich-Zustand als ein in sich geschlossenes Muster von Fühlen, Denken und Verhalten. Alle Muster lassen sich im Sinne der TA verschiedenen Persönlichkeitsbereichen zuordnen. In der TA werden diese Bereiche nach ihren wichtigsten Inhalten benannt: Eltern-Ich, Erwachsenen-Ich und Kind-Ich oder auch Kindheits-Ich (s. Abbildung 2)

Alle Begriffe sind wertneutral, keiner wird positiv oder negativ beurteilt, da jeder der Ich-Zustände zu bestimmten Zeiten für das Bewältigen des alltäglichen Lebens wichtig ist. Alle zusammen bilden die Gesamtheit einer Person. Ein Ich-Zustand wird für gewöhnlich dann zu etwas Negativem, wenn er übertrieben wird.

Die Inhalte der einzelnen Ich-Zustände sind von Mensch zu Mensch verschieden. Sie setzen sich zusammen aus angeborenen Fähigkeiten und Erfahrungen, die jede Person im Laufe ihrer Persönlichkeitsentwicklung gemacht hat. Entscheidend ist, dass alles, was ein Mensch jemals erlebt hat, unlöschbar in diesen Ich-Zuständen gespeichert ist und sein späteres

Die Vergangenheit prägt

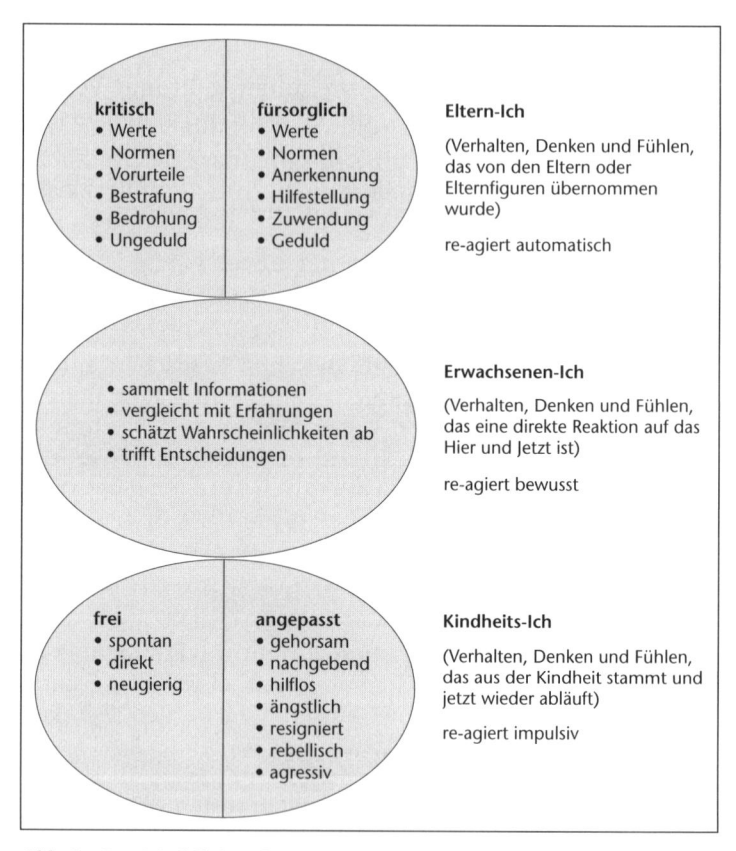

2 Das „ABC" der Transaktionsanalyse für ein Beziehungsmanagement

		Eltern-Ich
kritisch • Werte • Normen • Vorurteile • Bestrafung • Bedrohung • Ungeduld	**fürsorglich** • Werte • Normen • Anerkennung • Hilfestellung • Zuwendung • Geduld	(Verhalten, Denken und Fühlen, das von den Eltern oder Elternfiguren übernommen wurde) re-agiert automatisch

	Erwachsenen-Ich
• sammelt Informationen • vergleicht mit Erfahrungen • schätzt Wahrscheinlichkeiten ab • trifft Entscheidungen	(Verhalten, Denken und Fühlen, das eine direkte Reaktion auf das Hier und Jetzt ist) re-agiert bewusst

		Kindheits-Ich
frei • spontan • direkt • neugierig	**angepasst** • gehorsam • nachgebend • hilflos • ängstlich • resigniert • rebellisch • agressiv	(Verhalten, Denken und Fühlen, das aus der Kindheit stammt und jetzt wieder abläuft) re-agiert impulsiv

Abb. 2: Das Modell der Ich-Zustände

Leben als Erwachsener beeinflusst. Oder wie es der amerikanische Profi-Radsportler und fünffache Tour-de-France-Gewinner LANCE ARMSTRONG formuliert: „Die Vergangenheit prägt uns, ob uns das passt oder nicht. Jede Begegnung und jede Erfahrung wirkt sich irgendwie aus, und wir werden dadurch geformt wie ein einsamer Mesquitebaum auf der Ebene durch den Wind" (ARMSTRONG 2001, S. 25).

Ich-Zustände Die Ich-Zustände unterscheiden sich durch Inhalt und Funktion.

Das Eltern-Ich

Jeder Mensch hat ungeprüft Erziehungsregeln und Verhaltensweisen „aufgezeichnet", die er während seiner ersten Lebensjahre bei seinen Eltern und anderen Autoritätspersonen beobachten konnte. Diese Aufzeichnungen sind im Gehirn gespeichert und werden Eltern-Ich genannt.

Wenn eine Person sich im Eltern-Ich-Zustand befindet, dann denkt, fühlt, und handelt sie so, wie sie es von Autoritäten gelernt hat. Innerhalb des Eltern-Ich-Zustandes existieren zwei verschiedene Ausprägungen:

1. Das „fürsorgliche" Eltern-Ich: Es hört verständnisvoll zu, spricht mit warmer Stimme und liebevollen Gebärden, zeigt ermutigende, helfende, unterstützende, motivierende Verhaltensweisen. **Fürsorgliches Eltern-Ich**

2. Das „kritische" Eltern-Ich: Es entmutigt, kontrolliert, moralisiert, kritisiert, tadelt, bestraft, befiehlt, be- und verurteilt, sorgt für Ordnung und ist rechthaberisch. **Kritisches Eltern-Ich**

Sie erkennen Aussagen des Eltern-Ich (s. Abbildung 3) daran, dass sie sich meist auf eine andere Person beziehen. Die Worte „immer", „nie", „alle", „man" sind häufig Hinweise auf Eltern-Ich-Botschaften, da sie meist ein Pauschalurteil verraten. Das kritische Eltern-Ich ist ein schlechter Problemlöser, da es in diesem Zustand wichtiger ist, Schuldige zu finden statt Probleme zu erkennen und zu lösen. Es arbeitet mit Meinungen statt mit Fakten.

Den Unterschied zwischen fürsorglichem und kritischem Eltern-Ich erkennen Sie am Tonfall und der Wortwahl. Zum Beispiel: **Tonfall und Wortwahl**

Kritisches Eltern-Ich: Der Ausbilder sagt in schroffem Tonfall: „Fritz, sieh bloß zu, dass du pünktlich bist, sonst rumst es!"

Fürsorgliches Eltern-Ich: Der Ausbilder spricht in ruhigem, sachlichem Ton: „Fritz, es ist wichtig, dass du pünktlich zur Arbeit kommst. Bitte sieh zu, dass du es schaffst."

2 Das „ABC" der Transaktionsanalyse für ein Beziehungsmanagement

	Das kritische Eltern-Ich	Das fürsorgliche Eltern-Ich	Das Erwachsenen-Ich	Das freie Kindheits-Ich	Das angepasste Kindheits-Ich
Typische Worte/ Formulierungen	▲ „Sie müssen/ sollen." ▲ „Das weiß doch jeder!" ▲ „Meinen Sie das im Ernst?" ▲ „Das darf man nicht." ▲ „Wie kann man nur so …!" ▲ „Schon wieder!" ▲ „Habe ich Sie endlich erwischt!"	▲ „Das wird schon werden." ▲ „Wollen wir's mal probieren?" ▲ „Machen Sie sich mal keine Sorgen." ▲ „Ich schau mal, was ich für Sie machen kann." ▲ „Beruhigen Sie sich erst einmal." ▲ „Halb so schlimm." ▲ „Ich kann Sie so gut verstehen."	▲ Grundvokabular: Wer, was, wann, wo, wie und warum? ▲ „Meiner Ansicht nach … Was ist Ihre Meinung?" ▲ „Wahrscheinlich …" ▲ „Verglichen mit …" ▲ „Einerseits … andererseits …" ▲ „Ich denke/ meine …" ▲ „Ja, ich sehe das ein."	▲ jugendliche Sprache wie „irre, geil, toll, echt, Wahnsinn, juhu, cool, voll krass, dufte, supi, klasse!, spitze!" ▲ „Lass mich in Ruhe." ▲ „Ich bin sauer." ▲ „Ist mir doch egal."	▲ „Ich kann das nicht." ▲ „Ich würde sagen wollen …" ▲ „Immer ich." ▲ „Weiß ich nicht." ▲ „Da kann ich doch nichts dafür." ▲ „Was hätte ich denn machen sollen?" ▲ „Warum muss das bloß immer mir passieren?" ▲ „Ich war das nicht."
Typische Stimme/ Tonfall	laut, hart, durchdringend, herablassend, vorwurfsvoll, beleidigend, überlegend, kritisierend, beschuldigend, befehlend, moralisierend	warm, beruhigend, teilnehmend, wohlwollend, tröstend, fürsorglich	sachlich, klar, leidenschaftslos, entspannt, selbstsicher (nicht überheblich)	laut, freudig, überschäumend, begeistert, gefühlvoll, protestierend, beleidigt, wütend, schreiend, schrill	verhalten, dumpf, leise, murmelnd, schmollend, weinerlich, quengelnd, klagend, nörgelnd
Typische Körpersprache	erhobener Zeigefinger, Furcht erregender Blick, gerunzelte Stirn, hochgezogene Augenbrauen, Hände	liebevolle Gebärden, joviales Schulterklopfen, Kopf tätschelnd	regelmäßiger Augenkontakt, aufrecht, locker, leicht zur Seite geneigter Kopf, aktiv zuhörend	bewegte Gestik, Grimassen wie lange Nase zeigen, aufgeregt, Hände reibend, lachend, spielend,	gebückte Haltung, hängender Kopf, Nägelkauen, zuckende Lippen, Schmollen, hilfloses und

Die Azubis und ihre Ich-Zustände 2.2

	in die Hüften gestemmt, Arme vor der Brust verschränkt		Gesicht/Körper dem Partner zugewandt	mit dem Fuß aufstampfend, trotzig	ergebenes Schulterzucken, schuldbewusst gesenkter Blick
Positive Auswirkungen	▲ kann in Notsituationen rasch entscheiden ▲ übernimmt Verantwortung ▲ Normen und Traditionen geben Sicherheit ▲ legt hohe Maßstäbe an	▲ Schutz schafft Geborgenheit ▲ übernimmt Führung in schwierigen Situationen ▲ hört geduldig zu und zeigt Verständnis	▲ sammelt Informationen und geht Ursachen auf den Grund ▲ problemlösendes Verhalten ▲ löst Konflikte durch Konfrontation ▲ entscheidungsfreudig ▲ aktiv, offen, selbstständig	▲ begeistert ▲ wirkt witzig, charmant ▲ kann genießen ▲ spontan ▲ fantasievoll	▲ kann auf Kompromisse eingehen ▲ nimmt Rücksicht auf andere ▲ ist bescheiden
Negative Auswirkungen	▲ intolerant, unterdrückend ▲ sucht Fehler bei anderen ▲ reagiert ärgerlich und wütend ▲ lehnt Neues eher ab ▲ pflegt Vorurteile	▲ schafft Abhängigkeit ▲ unterdrückt mit Höflichkeit ▲ traut anderen wenig zu ▲ lehnt Komplimente ab ▲ nimmt sich „Problemen" lieber selber an ▲ „meint es gut" mit anderen ▲ fühlt sich wenig beachtet	▲ wenig Emotionen ▲ langweilig, fade, roboterhaft	▲ ungestüm ▲ unkontrolliert ▲ leichtsinnig ▲ rücksichtslos ▲ übernimmt keine Verantwortung ▲ impulsiv ▲ flippt aus	▲ überangepasst ▲ zieht sich schnell zurück ▲ hat Angst, etwas falsch zu machen ▲ resigniert schnell

Abb. 3: Typische Merkmale einzelner Ich-Zustände

In diesem Zusammenhang schreiben ULRICH und RENATE DEHNER: „Entscheidend für Aussagen aus dem Eltern-Ich ist, dass ein Beziehungsgefälle hergestellt wird. Man befindet sich immer dann im steuernden Eltern-Ich, wenn man erwartet, dass der andere tut, was man ihm sagt, denn dann steuert man ihn. Dieses Steuern kann nett und freundlich oder hart und unfreundlich geschehen" (2001, S. 34).

Das Erwachsenen-Ich

Rationaler Teil Der Begriff Erwachsenen-Ich symbolisiert den rationalen, computerhaften Teil einer Persönlichkeit. Er hat nichts mit dem Lebensalter eines Menschen zu tun. Bereits ein kleines Kind verfügt über einen Ich-Zustand, in dem es denken sowie eigene Erfahrungen und Erkenntnisse verarbeiten und speichern kann. Daher wird das Erwachsenen-Ich als das überlegte Lebenskonzept oder Weltbild bezeichnet. Dagegen wird das Eltern-Ich – in dem fremde Erfahrungen und Erkenntnisse gespeichert sind – als das gelernte Lebenskonzept tituliert.

Das Erwachsenen-Ich funktioniert wie ein Datenverarbeitungssystem: Es sammelt und verarbeitet Informationen, beschreibt, analysiert, versucht Ursachen und Wirkung zu erkennen, sucht Problemlösungen. Das Erwachsenen-Ich schätzt Wahrscheinlichkeiten ab, trifft Entscheidungen und bewertet die Daten, die in den beiden anderen Ich-Zuständen gespeichert sind, auf ihre Aktualität. Dieser Ich-Zustand macht Veränderungen möglich und ist für vernünftige Verhaltensweisen verantwortlich: Er kann entscheiden, welches Verhalten in einer bestimmten Situation angemessen ist.

Sachurteile Das Erwachsenen-Ich beurteilt nicht unter ethischen oder moralischen Aspekten, sondern auf der Basis sachlicher Kriterien. Es ist der objektive, leidenschafts- und fantasielose Teil einer Persönlichkeit. Anders ausgedrückt: Während das Eltern-Ich Werturteile fällt, trifft das Erwachsenen-Ich Sachurteile. Das kritische Eltern-Ich versucht gewöhnlich, Probleme durch Anweisungen zu lösen, das Erwachsenen-Ich fördert das Lösen von Problemen durch Denken und echte Kommunikation.

Klärende Fragen sind eine typische Ausdrucksform des Erwachsenen-Ich-Zustandes. Das Grundvokabular besteht aus den Frageworten: Wer, was, wann, wo und wie. Diese Fragen dienen dazu, Informationen zu sammeln. Außerdem erkennen Sie das Erwachsenen-Ich an Formulierungen (s. Abbildung 3), die die Bereitschaft erkennen lassen, zu diskutieren.

Klärende Fragen

Das „Kindheits-Ich"

Das menschliche Gehirn zeichnet sowohl Verhaltensregeln des Eltern-Ich als auch die mit den jeweiligen Ereignissen verbundenen Gefühle auf. Der Ich-Zustand, der die Gefühle speichert, wird als Kindheits-Ich bezeichnet. Das Kindheits-Ich ist folglich das gefühlte Lebenskonzept oder Weltbild. Während im Eltern-Ich äußere Ereignisse gespeichert sind, erfasst das Kindheits-Ich die inneren Ereignisse: Gefühle wie Freude, Neugier, Verliebtsein, Erstaunen, Schrecken, Furcht, Angst, Ärger, Wut, Zorn, Enttäuschung, Traurigkeit oder Frustration. Im Menschen befinden sich also nicht nur Eltern oder „Ersatzeltern", sondern jeder Mensch trägt Aufzeichnungen im Inneren mit sich herum, wie er als kleines Kind auf äußere Ereignisse reagiert hat. Gefühle lassen sich zwar verdrängen, aber nicht ausscheiden. Problematisch sind nicht die Gefühle, die der Mensch hat, sondern die er unterdrückt.

Gefühle

Das Kindheits-Ich hat drei unterschiedliche Ausprägungen:

1. Das „freie" Kindheits-Ich: Es zeigt unbekümmerte, spontane und unbefangene Verhaltensweisen, ohne eventuelle Folgen seines Verhaltens zu überlegen.

2. Das „angepasste" Kindheits-Ich: Es will geführt werden, erwartet, dass ihm gesagt wird, was es zu tun und zu lassen hat. Das angepasste Kindheits-Ich ist bereit, Instruktionen von anderen kritiklos aufzunehmen und Anweisungen gehorsam auszuführen. Menschen, die sich in diesem Ich-Zustand befinden, sind in aller Regel ängstlich und gehemmt.

3. Das „rebellische" Kindheits-Ich: Das rebellische Kindheits-Ich zieht es vor, negativ auf Anweisungen von Autoritäten zu reagieren.

2 Das „ABC" der Transaktionsanalyse für ein Beziehungsmanagement

Freies Kindheits-Ich

Sie können den Unterschied zwischen diesen drei Zuständen leicht beobachten: Das freie Kindheits-Ich erkennen Sie an spontanen Gefühlsausbrüchen wie Necken, Entzücken, Gelächter, lange Nase zeigen, Zunge rausstrecken, Kichern, Trotz- und Wutanfällen. Es umfasst die gesamte Gefühlsbandbreite: Freude, Impulsivität, Lustigkeit, Traurigkeit, Aggression.

Typisch für das freie Kindheits-Ich ist auch der Gebrauch von Superlativen und Modewörtern (s. Abbildung 3). Ein weiteres typisches Erkennungsmerkmal des Kindheits-Ich-Zustandes ist das Äußern von Wünschen und Bedürfnissen: „Ich will", „Ich möchte".

Ein Mensch, der lacht oder weint, kreativ arbeitet, sich freut oder ärgert, enttäuscht, entzückt, wütend, ungehemmt oder natürlich ist, befindet sich im freien Kindheits-Ich. Das freie Kindheits-Ich kennt keine Schuld- oder Schamgefühle. Diese anerzogenen Verhaltensweisen sind typisch für das angepasste Kindheits-Ich.

Angepasstes Kindheits-Ich

Das angepasste Kindheits-Ich unterdrückt seine Gefühle aus Furcht vor eventuellen Folgen und richtet all seine Verhaltensweisen darauf aus, wie andere (Kollegen, Vorgesetzte, Berufsschullehrer, Ausbilder, Freunde, Bekannte, Familie) vermutlich darüber urteilen. Auch dann, wenn diese Erwartungen den eigenen Wünschen und Bedürfnissen entgegengesetzt sind. Menschen, bei denen das angepasste Kindheits-Ich stark ausgeprägt ist, räumen anderen ein Fremdbestimmungsrecht ein, statt von ihrem Selbstbestimmungsrecht Gebrauch zu machen.

Sie erkennen das angepasste Kindheits-Ich leicht an Verhaltensweisen, die auf mühsam beherrschte Gefühle schließen lassen oder die Unsicherheit, Ängstlichkeit und Hemmungen verraten. Alle Formulierungen, die Unsicherheit, Schuldgefühle oder Resignation ausdrücken, verraten das angepasste „Kindheits-Ich" (s. Abbildung 3).

Rebellisches Kindheits-Ich

„Rebellische" Auszubildende erkennen Sie entweder daran, dass sie offen eine negative Einstellung zur Schau stellen und Anweisungen nur widerwillig ausführen. Oder dass sie heimlich rebellieren, indem sie unkonzentriert arbeiten,

Fehler machen, vergesslich sind und Erledigungen verzögern oder ein kleines bisschen anders erledigen, als Sie es von ihnen erwartet haben. Die Botschaft dieses Verhaltens lautet: „Sie können mich zu nichts zwingen."

Sowohl das Rebellieren als auch das Sichfügen ist eine Reaktion auf den Reiz des Ausbilders. Der Auszubildende handelt nicht, um etwas für sich zu erreichen. Genau genommen passt sich der Auszubildende in beiden Fällen an. Das ist der wesentliche Unterschied zwischen dem freien und dem angepassten beziehungsweise rebellischen Kindheits-Ich. Im Fall der Rebellion braucht der Auszubildende die Autorität. Ist der Ausbilder nicht vorhanden, kann der Auszubildende auch nicht rebellieren.

Während Sie Aussagen des Eltern-Ich daran erkennen, dass sie sich meist auf eine andere Person beziehen (Du- beziehungsweise Sie-Botschaften), ist das Erkennungsmerkmal der Kindheits-Ich-Aussagen die Ich-Form (Ich-Botschaften), denn Kindheits-Ich-Aussagen beziehen sich auf die eigene Person beziehungsweise die eigenen Gefühle.

Ich-Form

Übung: Entdecken Sie Ihre Grundposition – Teil II

Ein Grundwerkzeug jeder Kommunikation ist die Fähigkeit, Ich-Zustände zu identifizieren. Wie können Sie im (Ausbildungs-)Alltag erkennen, aus welchem Ich-Zustand Ihr Gesprächspartner kommuniziert?

Neben den dargestellten Hinweisen (s. Abbildung 3) gibt es ein weiteres Indiz: Ihre eigene Reaktion. Was heißt das? In der TA wird davon ausgegangen, dass ein Mensch, der in einem bestimmten Ich-Zustand ist, mit Sicherheit den komplementären Ich-Zustand einer anderen Person stimuliert. Angenommen, Sie sprechen Ihren Auszubildenden aus dem kritischen Eltern-Ich-Zustand an. Mit großer Wahrscheinlichkeit werden Sie eine Reaktion aus dem angepassten Kindheits-Ich-Zustand „ernten".

Ein Beispiel:

Ausbilder: *„Ihr Ausbildungsnachweis enthält nur Unsinn. Den werde ich nicht unterschreiben."*

Azubi: *„Entschuldigung, Herr Meier, es tut mir so leid. Aber was hätte ich denn machen sollen?"*

Übungsfragen:

Ihr eigener Gefühlszustand ist ein hilfreicher Indikator für das Erkennen der Ich-Zustände.

Schauen Sie sich noch einmal Ihr „Spiegelei-Ergebnis" an, und beantworten Sie sich zwei Fragen:

▶ Aus welchem Ich-Zustand heraus agieren Sie in den verschiedenen Quadranten?

▶ Welche Ich-Zustände aktivieren Sie dadurch beim Auszubildenden?

Bitte denken Sie daran:
Okay-Sein stimuliert Okay-Sein. Nicht-okay-Sein stimuliert Nicht-okay-Sein.

2.3 Schweigen ist kein Lob: Das Konzept der Zuwendung

Zu den Grundmodellen der Transaktionsanalyse gehört das Konzept der Zuwendung. Wie wichtig die emotionale Zuwendung für die Entwicklung des Menschen ist, entdeckte bereits in den 1940er-Jahren der österreichische Psychoanalytiker RENÉ ARPAD SPITZ. Er untersuchte in Amerika, wie sich das Trennen von Mutter und Kind auswirkte. Dazu verglich er zwei Gruppen von Säuglingen: Eine Gruppe wurde in einem Säuglingsheim versorgt, eine andere Gruppe von Kindern, die im Frauengefängnis geboren waren, wurde regelmäßig von ihren Müttern betreut. Während die Entwicklung der Gefängniskinder „normal" verlief, blieben die Heimkinder in ihrer Entwicklung zurück. Es wurde eine erhöhte Anfälligkeit für Krankheiten registriert, die so stark wurden, dass sie teilweise zum Tode führten. Trotz einwandfreier Hygiene und angemessener Ernährung traten diese Symptome auf. René Spitz folgerte daraus, dass das, was den Kindern fehlte, die seelische und körperliche Stimulierung war. Die Kinder hatten zwar ein Dach über dem Kopf, wurden ärztlich betreut und bekamen ausreichend zu essen. Aber es war niemand da, der sich liebevoll um sie kümmerte. Null-Zuwendung führt zum Hospitalismus und Tod. Die alte Wahrheit, dass der Mensch nicht nur vom Brot alleine lebt, gilt auch in unserer modernen Welt. „Streicheleinheiten" sind das Brot für die Seele.

Diese und andere Untersuchungen auf dem Gebiet der menschlichen Entwicklungspsychologie nahm Eric Berne zum Anlass, verschiedene Arten von „Hunger" zu beschreiben. Einer ist das Bedürfnis nach körperlicher und seelischer Stimulation. Berne wählte dafür das englische Wort „stroke": Dieses doppeldeutige Wort wird als „Streicheleinheit" verstanden. Der Begriff „Streicheleinheit" ist wertfrei zu verstehen; „Streicheleinheiten" können sowohl positiv in Form von „Zärtlichkeiten" als auch negativ in Form von „Schlägen" erfolgen. In beiden Fällen handelt es sich um eine körperliche Berührung beziehungsweise Zuwendung.

Stroke = Streicheleinheit

Vier Arten von Zuwendung

Eric Berne unterschied vier verschiedene Arten der Zuwendung:

1. Positiv unbedingte Zuwendung

Der Mensch wird beachtet, weil er da ist. Er muss keine Leistung erbringen, um positiv wahrgenommen zu werden. Zum Beispiel bei der Begrüßung eines neuen Auszubildenden: „Schön, dass Sie hier sind. Ich freue mich, Sie nach unserem Einstellungsgespräch wiederzusehen."

Sie sind in Ordnung

Diese Art der Zuwendung gilt der Existenz, dem Dasein einer Person. Sie hat die Grundeinstellung oder Haltung zur Folge: „So wie Sie sind, sind Sie in Ordnung!" Sie wird zum

Beispiel durch Körperkontakt, Anlächeln, fürsorglichen Klang der Stimme vermittelt.

2. Positiv bedingte Zuwendung

Sie sind in Ordnung, wenn ...

In diesem Fall wird das positive Wahrnehmen einer Person an eine Bedingung gekoppelt. Der Mensch muss eine Leistung erbringen, um Anerkennung zu bekommen. Zum Beispiel: „Ein Glück, dass Sie wieder aus dem Urlaub zurück sind. Wir ersticken fast schon in der Arbeit."

Positiv bedingte Zuwendung gilt nicht dem Dasein, sondern dem Sosein einer Person. Sie dient dem Anpassen an die Regeln des sozialen Umfeldes und wird erteilt, wenn eine Person den Vorstellungen, Erwartungen und Anforderungen entspricht. Es wird die Grundhaltung gefördert: „Sie sind in Ordnung, wenn Sie ..."

3. Negativ bedingte Zuwendung

Sie sind nicht in Ordnung, solange ...

Die negative Beachtung bezieht sich nicht auf die Person als Ganzes, sondern auf ein bestimmtes Verhalten oder eine erbrachte Leistung. Zum Beispiel: „Ich ärgere mich, dass Sie zu spät zur Arbeit erscheinen. Bitte kommen Sie pünktlich."

Auch die negativ bedingte Zuwendung dient der Anpassung an Regeln und erfolgt, wenn eine Person sich nicht wunsch- oder normengemäß verhält. Diese Art der Zuwendung fördert die Grundeinstellung: „Sie sind nicht in Ordnung, solange Sie nicht ..." Kritische Hinweise, Er- und Abmahnungen gehören zu dieser Art, die als Korrektiv und zum Setzen von klaren Grenzen oft unverzichtbar sind.

4. Negativ unbedingte Zuwendung

Das einzige Problem sind Sie

Bei dieser Art der Beachtung wird die Person als Ganzes abgewertet. Zum Beispiel: „Das einzige Problem, das wir hier haben, sind Sie."

Diese Zuwendungsart bezieht sich wieder auf das Dasein einer Person und hat einen destruktiven Effekt, da sie dem Empfänger keine Chance lässt. Sie fördert die Haltung: „Egal was Sie tun, Sie sind nicht in Ordnung. Es wäre besser, wenn es Sie nicht gäbe." Diese Art der Zuwendung sollte in der menschlichen Kommunikation nicht vorkommen.

Das Streben nach Beachtung

Nun nehmen Sie vielleicht an, dass der Mensch alles Mögliche unternimmt, einerseits negative Zuwendung zu vermeiden, andererseits positiv beachtet zu werden. „In Wirklichkeit funktionieren wir nach einem anderen Prinzip: Jede Art von Stroke ist besser als überhaupt kein Stroke" (STEWART/ JOINES 1997, S. 118). Negative Zuwendungen in Form von vernichtenden Beschimpfungen oder Schlägen tun zwar weh, aber – psychologisch gesehen – ist das immer noch besser, als sich übersehen, vergessen und verlassen zu fühlen.

Negative Strokes sind besser als überhaupt keine

Neben dem grundlegenden Bedürfnis nach Sicher- und Geborgenheit strebt der Mensch nach Beachtung. Wenn dieses wesentliche Grundbedürfnis des Menschen völlig ignoriert wird, erzwingen sich Betroffene Zuwendung eventuell durch ein krasses Verhalten. Kinder, deren Eltern wenig Zeit mit ihnen verbringen, fangen beispielsweise an, schlechte Zensuren zu schreiben, die Schule zu schwänzen, andere Mitschüler zu verprügeln, Drogen zu nehmen oder zu stehlen. „Es ist ganz oft so, dass Söhne mit ihrer Leistungsverweigerung nach dem Vater rufen'", schreibt beispielsweise die Diplom-Psychologin und Familientherapeutin BRIGITTE LÄMMLE, deren Call-in-Sendung „Lämmle live" seit 1995 im Südwestrundfunk wöchentlich ausgestrahlt wird. In allen Fällen führt dieses Verhalten höchstwahrscheinlich dazu, dass sich die Eltern nach einer Intervention vonseiten der Schulleitung mehr um ihre Kinder kümmern. Erwachsene reagieren ähnlich: „Das war für mich die schönste Zeit", sagte eine 52-jährige Frau nach ihrer Entlassung aus dem Krankenhaus. Ihre Begründung: „Da hatte mein Mann jeden Tag Zeit für mich." Oder im Berufsalltag kommt ein Auszubildender regelmäßig zu spät, verschlampt Arbeitsunterlagen, verrät Firmengeheimnisse oder bricht „aus heiterem Himmel" seine Ausbildung ab. Auch in diesen Fällen ist ihm die (negative) Beachtung seiner Vorgesetzten gewiss.

So paradox es auch klingen mag: Es gibt Menschen, die gegebenenfalls Situationen aufsuchen, in denen sie sich „Schläge" abholen, um überhaupt wahrgenommen zu werden. Diese Form von „Haut-Kontakt" ist besser als gar kein Kontakt. Der Rocker lebt nach der simplen Devise: „Ich schlage, also bin ich." Das ist seine Daseins-Berechtigung. So ist er

Schläge abholen

groß geworden. Das Echo für sein Dasein erfolgte, wenn er Randale gemacht hat. Das ist in Firmen genauso: Fluktuation und Krankenstand sind oftmals dort am höchsten, wo Mitarbeiter sich am wenigsten beachtet fühlen. Vor diesem Hintergrund wird auch deutlich, was Menschen motiviert, von Talkshow zu Talkshow zu tingeln oder sich 100 Tage in einem Container einschließen und von der Fernsehnation beobachten zu lassen. Aufmerksamkeit pur ist garantiert. Denken Sie nur an den Big-Brother-Star „Zlatko", dessen Motto wahrscheinlich lautet: „Lieber ein berühmter Sänger als ein unbekannter Kfz-Schlosser."

Welche schweren Geschütze zum Teil junge Menschen anscheinend auffahren müssen, um in dieser Gesellschaft wahrgenommen zu werden, belegen tagtäglich die Meldungen in den Tageszeitungen. Dazu drei Beispiele aus der HAZ – Hannoversche Allgemeine Zeitung:

1. Junge Erpresser werden brutaler

So lautete am 19. September 2002 eine Überschrift. In dem Artikel, in dem es um die räuberische Erpressung an (Haupt- und Sonder-)Schulen geht, konstatiert Gudrun Hermann-Glöde von der Jugend- und Familienhilfe des Diakonischen Werkes: „Viele dieser Jugendlichen kommen aus sozial schwachen Problemfamilien. Ihnen fehlt die Zuwendung und Geborgenheit, die sie eigentlich bräuchten, und so holen sie sich die ganze Aufmerksamkeit über solche Diebeszüge. Zwar schüchtern sie ihre Opfer mit Drohungen ein, doch gleichzeitig hoffen sie insgeheim, irgendwann aufzufliegen und damit Beachtung zu finden."

2. Motiv: „Geltungssucht"

„Reine Geltungssucht" war das Motiv für die Entführung eines Hamburger Linienbusses am Wochenende. Der 20 Jahre alte Täter, der in der Nacht zum Sonntag (mit einer Gaspistole bewaffnet) vier Geiseln genommen hatte, wollte „einmal groß in den Medien stehen", wie eine Polizeisprecherin am Montag sagte (01.10.2002).

3. 16-Jähriger nimmt Schüler als Geiseln

Der 16-jährige Geiselnehmer von Waiblingen sitzt nach einem Geständnis in Untersuchungshaft. Die Polizei teilte am Wochenende mit, eine Richterin des Amtsgerichts habe wegen erpresserischen Menschenraubs und Geiselnahme Haftbefehl erlassen. Der Jugendliche sei wegen Fluchtgefahr in ein Gefängnis eingeliefert worden. Zum konkreten Motiv des Täters, der am Freitag in einer Schule in Waiblingen vier Jungen in seine Gewalt gebracht hatte, hatte Landespolizeipräsident Erwin Hetger am Freitagabend gesagt: „Es ist deutlich, dass es dem Täter um ein gewisses Geltungsbedürfnis ging, dass die Tat nach außen wirkt" (21.10.2002).

Es sei an dieser Stelle ausdrücklich darauf hingewiesen, dass solche Prozesse unbewusst ablaufen, vorausgesetzt, dass solche Aktionen nicht generalstabsmäßig geplant sind (s. Meldung zwei und drei). Es ist keineswegs so, dass beispielsweise der Auszubildende morgens das Klingeln des Weckers bewusst ignoriert, weil er sich in Gedanken bereits ausmalt, wie sein Ausbilder mit ihm zum 25. Mal über seine Unpünktlichkeit spricht und er sich dieses „Gesprächsjubiläum" nicht entgehen lassen will. Es handelt sich hierbei vielmehr um „Strategien", die ein Mensch in frühester Kindheit unbewusst entwickelt hat, um sich Aufmerksamkeit zu organisieren. „So lässt sich erklären, warum viele Menschen ständig dafür sorgen, dass sie negativ auffallen. Sie haben häufig schon die Hoffnung auf positive Zuwendung aufgegeben" (SCHMIDT 1999, S. 36).

Unbewusste Prozesse

Übung: Entdecken Sie Ihre Grundposition – Teil III

1. Reflektieren Sie Ihr eigenes Stroke-Profil:

▶ Wie haben Sie sich in Ihrer Kindheit Aufmerksamkeit organisiert?

▶ Welche Mittel und Wege haben Sie entwickelt, um beachtet zu werden?

▶ Wie haben Ihre Eltern auf gute beziehungsweise schlechte Zensuren reagiert?

> ▶ Wie haben Ihre Eltern auf Krankheit reagiert?
>
> ▶ Welche Art der Zuwendung haben Sie primär erfahren: positiv unbedingte, positiv bedingte, negativ bedingte oder negativ unbedingte Zuwendung?
>
> ▶ Worüber haben Sie sich in der Schule Aufmerksamkeit organisiert? Über sportliche, intellektuelle und/oder musikalische Leistungen? Oder sind Sie in die Rolle des Klassenkaspers geschlüpft, um die Mitschüler zu unterhalten und dadurch beachtet zu werden?
>
> ▶ Was machen Sie heute, um beachtet zu werden?
>
> ▶ Auf welche Art von Zuwendung springen Sie heute eher an, welche weisen Sie zurück?
>
> ▶ Welche Art von Strokes verteilen Sie selbst?

> 2. Schauen Sie sich noch einmal Ihr „Spiegelei-Ergebnis" an, und beantworten Sie folgende Frage:
>
> ▶ Was für Arten von Strokes geben und erhalten Sie in jedem Quadranten?

Erfolg und Misserfolg

Es gibt zwei wesentliche Möglichkeiten, um wahrgenommen zu werden und dadurch Beachtung zu bekommen: Erfolg und Misserfolg. Wie der Name es schon ausdrückt: Auch Miss-Erfolg beinhaltet eine Form von Erfolg. Hier liegt der Grund für gewisse Verhaltensweisen, die Ihnen auf den ersten Blick widersinnig vorkommen, weil sie anscheinend nicht zum gewünschten „offiziellen" Ziel führen. Aber Verhalten ist niemals falsch: Jedes Verhalten stellt Strategien zur Befriedigung von (unbewussten) Bedürfnissen dar. Selbst eine negativ unbedingte Zuwendung enthält Stimuli, die für die Existenz des Empfängers bei mangelndem positiven Zuspruch als lebenserhaltend erlebt werden, da es für den Menschen noch bedrohlicher erscheint, völlig ignoriert zu werden.

„Das schlimmste gewaltlose Verhalten", so konstatiert der US-Managementberater DUDLEY BENNETT in seinem Buch „Im

Kontakt gewinnen" (1986), „ist das, einen anderen nicht zu beachten oder die Transaktion mit ihm ganz einzustellen." Da saust das Selbstwertgefühl innerhalb kürzester Frist in den Keller!

Die Kultur der Selbstverständlichkeit

Gelegentlich berichten einige Teilnehmerinnen und Teilnehmer in Ausbilder-Seminaren, dass sie von ihren Vorgesetzten keine oder so wenig positive Streicheleinheiten bekommen. Dieses Verhalten spiegelt eine Kultur wider, in der gute Leistungen als Selbstverständlichkeit registriert werden. Die Begründung: Die Mitarbeiterinnen und Mitarbeiter werden für solche Erfolge entlohnt. Außerdem haben Vorgesetzte keine Zeit, „Süßholz zu raspeln". Allerdings widerspricht diese Argumentation der gängigen Praxis, in der sich Vorgesetzte genügend Zeit nehmen, um endlose Gespräche mit Mitarbeiterinnen und Mitarbeitern zu führen, nachdem „das Kind in den Brunnen gefallen ist". Es liegt nahe, dass sich in solch einer Umgebung die Mitarbeiterinnen und Mitarbeiter in eine Richtung entwickeln, deren Haltung der amerikanische Unternehmensberater ABE WAGNER so formuliert: „Werde ich nicht genügend gestreichelt, wenn ich meine Sache gut mache, werde ich dazu neigen, Sachen falsch zu machen, um dafür gestreichelt zu werden" (WAGNER 1992, S. 51). Das Verhalten, das Aufmerksamkeit erregt, ist das Verhalten, das wiederholt wird.

Lob für gute Leistungen ist selten

Jeder Mensch, der Pflanzen liebt, weiß, dass diese verkümmern, wenn sie nicht regelmäßig gehegt und gepflegt werden. Niemand käme also auf den Gedanken, eine Pflanze nur ein einziges Mal zu gießen und dann zu erwarten, dass sie immer weiterwächst. Analog zur Berufsausbildung ist es falsch zu glauben, dass Auszubildende auch ohne oder durch einmalige Anerkennung automatisch sämtliche Potenziale in sich mobilisieren. Wenn ein Auszubildender auf seine erbrachten Leistungen keine Resonanz erhält, wenn das Leistungspotenzial nicht immer wieder gehegt und gepflegt wird, verkümmert die Leistung. Was das „Streicheln" betrifft, ist es geradezu kontraproduktiv, eine „Sparkasse" eröffnen zu wollen. Das entspräche dem „Management der Beziehungsarmut".

Noch heute geraten mancherorts die älteren Mitarbeiter ins Schwärmen, wenn sie davon berichten, wie der Senior regelmäßig durch die Fabrik wandelte und mit den einzelnen Mitarbeitern plauderte. Gelegentlich ist es für einzelne Mitarbeiter sehr wichtig, ihre Zeit mit ihrem Vorgesetzten zu haben, um ihre Bedürfnisse nach Anerkennung zu befriedigen. Wenn allerdings ein Vorgesetzter vom Mitarbeiter nur Notiz nimmt, wenn dieser etwas falsch macht, dann ist es das, was er tun wird.

In diesem Zusammenhang wäre es sicherlich interessant zu prüfen, ob die Vorgesetzten, die sowohl die negativen als auch die positiven Aspekte erwähnen, weniger Konflikte auszutragen haben als diejenigen, die eher die „Kultur der Selbstverständlichkeit" praktizieren. Lapidar formuliert: Da, wo auch gelobt wird, besteht weniger Anlass zum Kritisieren.

Eine Trainingsaufgabe:

Sind Sie ebenfalls von Vorgesetzten umzingelt, die gute Leistungen als Selbstverständlichkeit hinnehmen? Wollen Sie es vermeiden, sich Aufmerksamkeit zu organisieren, indem Sie Arbeitsaufträge falsch ausführen? Wenn ja, dann bitten Sie um positive Zuwendung, indem Sie Ihren Vorgesetzten beispielsweise fragen:

„Was gefällt Ihnen besonders gut an meiner Präsentation? Oder: „Was mache ich Ihrer Meinung nach am besten?"

Fragen kostet nichts Manchen Menschen fällt es schwer, andere um positive Zuwendung zu bitten, weil sie befürchten, zurückgewiesen zu werden. Doch genau genommen lehnt die andere Person – wenn überhaupt – nur die Bitte oder den Wunsch ab. Nicht die Person. Wenn Sie Ihre Bitte aus einer Ich-bin-okay-Grundposition vortragen und die andere Person reagiert nicht wunschgemäß, dann sind Sie immer noch okay. Sie stehen nicht schlechter da als vorher. Wenn Sie um etwas bitten, was Sie gern haben möchten, besteht wenigstens eine Chance, dass Sie gewinnen. Bitte denken Sie daran: Fragen kostet nichts.

Tipps für die Praxis

Zusammenfassend lässt sich sagen, dass ein beziehungsorientierter Ausbilder drei Arten von „Streicheln" gibt:

- ▶ positiv bedingungsloses Streicheln („Sicher hab' ich Zeit für ein Gespräch"),
- ▶ positiv bedingtes Streicheln („Sie haben gute Arbeit geleistet"),
- ▶ (wenn angebracht) negativ bedingtes Streicheln („Wie Sie vorhin den Kunden behandelt haben, das entsprach nicht unserer Kundenphilosophie").

Seine Devise lautet: „Ich streichle dich für das, was du tust, und ich streichle dich dafür, dass du bist, wie du bist." Diese beiden Formen positiven Streichelns wirken sehr wohltuend und Energie erzeugend. Sie laden die „Batterie" auf, mit der der menschliche Motor läuft.

Ihr positives Streicheln wird mehr Wirkung haben, wenn Sie es genau auf Ihren Auszubildenden abstimmen: Manche Auszubildende sind vielleicht von einem freundlichen Klaps auf die Schulter eher beeindruckt als von einer verbalen Streicheleinheit. Das hat vielfach mit Kindheitsprogrammierung zu tun und mit der Art und Weise, wie Menschen etwas über Streicheln gelernt haben. Ein beziehungsorientierter Ausbilder weiß, wie wichtig das unterschiedliche Streicheln für unterschiedliche Auszubildende ist und sucht Gelegenheiten, seinen Auszubildenden die positiven Streicheleinheiten zu geben, die sie vorziehen.

Positives Streicheln

Wenn Sie erreichen wollen, dass Ihr negativ bedingtes „Streicheln" konstruktiv ist, denken Sie bitte an Folgendes:

Konstruktive Kritik

- ▶ Streicheln Sie aus dem fürsorglichen Eltern-, Erwachsenen- oder natürlichen Kind-Ich-Zustand heraus.
- ▶ Teilen Sie dem Auszubildenden mit, wie Sie das empfinden, was er macht, und sagen Sie ihm, was er stattdessen tun soll.

Für negativ bedingungslose Zuwendung gibt es keinen Platz, da dessen Botschaft lautet: „Du bist nicht okay, bist wertlos, schlecht, unwichtig." Negativ bedingungslose Zuwendung ist höchstgradig destruktiv; sie besitzt keinen ausgleichenden sozialen Wert irgendeiner Art.

Bitte denken Sie daran:
Jeder will sich wichtig fühlen. Jeder ist wichtig.

Abschließend ein Gedicht, in dem die Notwendigkeit der Zuwendung aus jugendlicher Sicht zum Ausdruck kommt.

David dichtet:

Polizist;
leuchtend grün stehst du da.
Ach, was für ein Anblick, ja.
Ich sehe dich;
o mein Herz, es wird glühn.
Du kommst auf mich zu
und du schaust mich an.
Und ich denke: Was für ein Mann!?
Die Zeit scheint still zu stehen.
Ich muss schlucken,
du kommst immer näher und ...
Du gehst an mir vorbei.
Was soll denn das? Ich hatte schon
die Hand an meinen Papieren,
und du gehst vorbei.
Und dem Punk hinter mir
schenkst du die Aufmerksamkeit,
die ich verdient hätte.
Bin ich einerlei?
Alle bekommen es, ich nicht.
Jeder darf es haben; ich nicht.
Die Punks, die Penner,
die Junkies, die Skater
und alle anderen, nur ich nicht.
Warum werde ich nie von der Polizei
leibesvisitiert?

David von Hahn
HAZ, 25. Juni 2002

3 Das Anwenden der Transaktionsanalyse in der Beziehungsarbeit

3.1 Mini-Verträge erhöhen die Motivation

Kennen Sie das Problem? Ihr Auszubildender müffelt, popelt in der Nase, trägt „schlampige Kleidung" oder verhält sich schnippisch gegenüber den Kunden am Telefon. Keiner in der Abteilung traut sich, den Auszubildenden anzusprechen. Alle Kolleginnen und Kollegen schauen Sie erwartungsvoll an. Schließlich sind Sie der zuständige Ausbilder. Aber Sie wissen nicht, wie Sie so ein heikles Thema ansprechen sollen. — **Problem**

Die Lösung: Kommunizieren Sie auf der Basis von Mini-Verträgen. Entdecken Sie dazu, was Mini-Verträge sind, welche Voraussetzungen für das Funktionieren solcher Verträge gegeben sein müssen und wie Sie dieses „Instrument" im (Berufs-)Alltag nutzen. — **Lösung**

Das Konzept der „Vertragsarbeit"

Das Grundprinzip der Kommunikation im Sinne der Transaktionsanalyse ist die Arbeit mit Verträgen. Nach Eric Berne ist ein Vertrag eine explizite beiderseitige Verpflichtung, sich an ein klar definiertes Vorgehen zu halten. Mit anderen Worten: Zu Beginn einer Beziehung beziehungsweise eines Gespräches wird zwischen den Beteiligten vereinbart, was passieren soll. Auf dieser Grundlage erfolgt das (Ausbildungs-)Gespräch. Die Chance, dass es auf einer erwachsenengerechten Ebene abläuft, ist hoch. — **Beiderseitige Verpflichtung**

Voraussetzung für dieses demokratische Verfahren ist eine realistische Umsetzung. Deshalb empfehlen die Transaktionsanalytiker und Autoren Ian Stewart und Vann Joines zu Beginn der Vertragsarbeit folgende Fragen zu klären: — **Klärende Fragen**

- Wer sind die beiden Vertragsparteien?
- Woran wollen sie gemeinsam arbeiten?
- Wie lange soll die Kooperation dauern?
- Welches Ziel oder Resultat streben die Vertragsparteien an?
- Woran können sie erkennen, ob sie das definierte Ziel erreicht haben?
- Welche Konsequenzen wird das Erreichen des Ziels für die Vertragsparteien beinhalten?

Nachdem diese Einstiegsfragen geklärt worden sind, steht die von allen Beteiligten zu treffende Entscheidung an: „Habe ich Lust dazu und sehe ich den Sinn darin, jetzt, hier und mit diesem Menschen über ein bestimmtes Thema zu reden oder an einem gemeinsamen Ziel zu arbeiten?" (GÜHRS/NOWAK 1995, S. 42).

Voraussetzungen

In ihrem Buch „Das konstruktive Gespräch" nennen die Autoren MANFRED GÜHRS und CLAUS NOWAK sechs Voraussetzungen für das Funktionieren von Verträgen:

1. Gemeinsames Verständnis über getroffene Zielvereinbarung

Beide Partner achten bereits beim Aushandeln des Vertrages darauf, dass sie wirklich dasselbe meinen. „Ein idealer Vertrag zeichnet sich dadurch aus, dass alle Beteiligten zu jeder Zeit des Gesprächs übereinstimmend erklären können, was Thema und Ziel der Diskussion ist" (ebd., S. 47).

2. Vertrag und Persönlichkeit bilden eine Einheit

Verträge müssen für alle Beteiligten Sinn haben und realistisch sein. Mit anderen Worten: Ein guter Vertrag muss für die jeweilige Persönlichkeit stimmig sein. Unter Stimmigkeit verstehen GÜHRS und NOWAK, dass ein Vertrag von allen Ich-Zuständen getragen wird: „Das ‚Erwachsenen-Ich' sollte Sinn und Machbarkeit prüfen, das ‚freie Kindheits-Ich' Lust dazu haben oder zumindest sich etwas davon versprechen. Das ‚nährende Eltern-Ich' darf keine Einwände haben" (ebd., S. 48).

3. Beiderseitiges Einverständnis

Bei diesem Punkt geht es darum, dass beide Seiten prüfen, ob sie wirklich am vereinbarten Thema und Ziel arbeiten wollen. Zögerliches Handeln oder verdeckter Widerstand sollten offen angesprochen werden, um die Situation zu klären. Keiner der Beteiligten ist berechtigt, jeweils dem anderen „etwas" aufzudrängen.

4. Verträge zeitlich begrenzen und Bilanz vereinbaren

Um Frustrationen vorzubeugen, ist es hilfreich, Verträge zeitlich zu begrenzen und eine Bilanz zu vereinbaren. „Eine zeitliche Begrenzung nimmt die Schwere und Endgültigkeit aus einer Vertragsentscheidung. Im Rahmen der Bilanz können dann Erfolge gefeiert, Verträge fortgeschrieben oder Probleme ... thematisiert und gemeinsam Konsequenzen für künftige Absprachen gezogen werden" (ebd., S. 49).

5. Nicht eingehaltene Absprachen thematisieren

Konfrontation im Sinne von „auf etwas hinweisen" bei Vertragsbruch trägt zur Klärung folgender Fragen bei: Wurde beim Abschluss des Vertrages etwas übersehen? Ist jetzt eine Veränderung des Vertrages nötig? Bei wiederholtem Vertragsbruch ist zu prüfen, ob eine Weiterarbeit sinnvoll ist.

6. Veränderung von Verträgen

Wenn Verträge der Situation nicht mehr angemessen sind, ist es wichtig, den Vertrag neu zu formulieren.

Neben der inhaltlichen Vertragsarbeit ist es empfehlenswert, dass die Beteiligten die formellen Rahmenbedingungen klären. Hierzu gehören beispielsweise folgende Fragen:

Formelle Rahmenbedingungen

▶ Wo und wann findet die Begegnung statt?

▶ Sind alle Beteiligten in der Verfassung, am Vertrag zu arbeiten (wenn nicht, kann eine Alternative vereinbart werden)?

▶ Was passiert, wenn der Vertrag nicht eingehalten wird? Welche Konsequenzen treten ein?

Vereinbarte Konsequenzen erhöhen die Verbindlichkeit von Verträgen und tragen zur Entlastung bei, wenn diese im Vorfeld abgesprochen worden sind.

Vorteile von Verträgen

Nutzen für alle Mit klaren, beiderseitigen Verträgen zu arbeiten bietet für alle Beteiligten eine Vielzahl von Vorteilen (GÜHRS/NOWAK 1995, S. 43 f.). Im Einzelnen gehören dazu

- ein konstruktives Miteinander, weil alle Beteiligten sich freiwillig entschieden haben,

- eine klare Absprache darüber, wer für was verantwortlich ist (was den Ausbilder erheblich entlastet, vor allem, wenn dieser meint, er wäre für alles verantwortlich),

- eine frühzeitige Klärung von unrealistischen Vorstellungen und Erwartungen, was wiederum Enttäuschungen und gegenseitigen Vorwürfen vorbeugt,

- einen roten Faden und ein konkretes Ziel vor Augen zu haben, was die persönlichen Ressourcen mobilisiert, die zum Erreichen des Ziels benötigt werden,

- dass alle Beteiligten sich als selbstverantwortliche Personen erleben und ihre Interessen wahrnehmen,

- dass das Abdriften in psychologische Spiele verhindert wird, was allen Beteiligten hilft, sich aus dem Drama-Dreieck herauszuhalten (s. Kapitel 4).

Außerdem können Verträge als „Notbremse" in einem schwierigen (Ausbildungs-)Gespräch dienen. „In unerquicklichen oder verworrenen Situationen ist es oft sehr nützlich, die einfache Frage zu stellen: ‚Was ist eigentlich unser Vertrag'" (GÜHRS/NOWAK 1995, S. 44). Ein Vertrag bildet also die Plattform, auf der eine professionelle Beziehungsarbeit und eine Förderung der Autonomie des Auszubildenden möglich ist.

Tipps: So schließen Sie Mini-Verträge

▶ Verträge sind Abmachungen, die nicht der schriftlichen Form bedürfen.

▶ Sie brauchen Ihren Auszubildenden einfach nur fragen, ob er zuhören und antworten wird auf das, was Sie zu sagen haben. Zum Beispiel: „Ich mache mir Gedanken über Ihr Verhalten gegenüber unseren Kunden und möchte mit Ihnen darüber sprechen. Sind Sie bereit, mir aufmerksam zuzuhören?" Oder allgemeiner formuliert: „Sind Sie an einem Feedback interessiert?" Immer, wenn Ihr Auszubildender zustimmt, etwas zu tun oder eine Aufgabe zu übernehmen, stellt diese Zustimmung einen Vertrag dar, für dessen Einhaltung Ihr Auszubildender verantwortlich ist.

▶ Wenn Sie einen Vertrag abschließen, achten Sie darauf, dass Sie wirklich klarmachen, was Sie wollen. Hätten Sie gern Verständnis, wenn Sie sich mit Ihren Kollegen über Ihre Auszubildenden austauschen, so bitten Sie um Verständnis, sonst bekommen Sie vielleicht Rat-Schläge.

▶ Vermeiden Sie es grundsätzlich, Verträge zu ändern. Sollte dies von Fall zu Fall nicht möglich sein, achten Sie darauf, dass Sie Ihren Auszubildenden über die Änderung informieren. Dann kann ein neuer Vertrag ausgehandelt werden. Wenn Auszubildende ihrerseits die Verträge nicht einhalten, konfrontieren Sie dieses Verhalten. Wenn Sie darauf verzichten, streuen Sie die Saat zum Bruch zukünftiger Verträge.

▶ Wenn Sie einen Vertrag nicht eingehen wollen, sagen Sie es auf einfühlsame Weise. Scheint Ihr Auszubildender nicht gewillt zu sein, einen Vertrag zu schließen, ermutigen Sie ihn, seine Ablehnung zu äußern. Gewöhnlich kann ein Kompromiss-Vertrag gefunden werden, der beide Parteien zufrieden stellt und den beide dann auch einhalten.

▶ Achten Sie auf „Eckpunkte", die nicht zur Disposition stehen. Prüfen Sie im Vorfeld, ob Sie im Einzelfall verhandlungsbereit sind oder ob es sich um eine nicht diskutierbare Forderung handelt. „Falls das der Fall ist, handelt es sich letztlich um eine (dienstliche) Anordnung. Dazu gehört beispielsweise das Einhalten von Sicherheitsbestimmungen. Dann nennen Sie diese auch beim Namen und gaukeln Sie keinen Entscheidungsraum vor, der nicht gegeben ist. Wenn Sie Anordnungen als Verträge verschleiern (...), entwerten Sie die Bedeutung und den Sinn von Verträgen" (GÜHRS/NOWAK 1995, S. 48).

Exkurs „Streichelverträge"

Komplimente Eine Möglichkeit, die Menge von eingehenden Streicheleinheiten zu erhöhen, ist das Abschließen von „Streichelverträgen". Fragen Sie Freunde, Kollegen und Vorgesetzte, ob es okay ist, wenn Sie sie gelegentlich um Komplimente für etwas bitten, was Sie gut gemacht haben. Im Gegenzug können Sie anbieten, das Gleiche für sie zu tun. Der Vorteil dieser Strategie liegt auf der Hand: Wenn Sie Ihre Bedürfnisse direkt zum Ausdruck bringen, haben Sie es nicht nötig, „Psycho-Spiele" (s. Kapitel 4) zu inszenieren.

Sicherheitsklausel Wenn Sie befürchten, dass jemand „Ja" sagt, obwohl er in Wirklichkeit „Nein" meint, bauen Sie eine „Sicherheitsklausel" in den Vertrag ein, indem Sie beispielsweise sagen: „Ich möchte dich bitten, etwas zu tun, aber nur wenn du es wirklich willst. Allerdings befürchte ich, dass du ja sagst, obwohl du lieber nein sagen möchtest. Wirst du mir auf meine Bitte ehrlich antworten?" Wer trotzdem „Ja" sagt, obwohl er „Nein" meint, ist dafür selbst verantwortlich. Sinnbildlich formuliert: Wer vor dem Pfarrer „Ja" gesagt und „Nein" gedacht hat, muss die Folgen selbst ausbaden. Das versteckte „Nein" zerstört eine Beziehung.

Stroke-Haushalt Sicherlich gibt es alternative „Streichelquellen". Zum Beispiel Konferenzen bieten die Chance, Streicheleinheiten zu empfangen und zu „verschenken". Entscheidend ist, dass ein Ausbilder gut für sich sorgt. Und dazu gehört ein ausgeglichener „Stroke-Haushalt". Je besser Sie Ihren eigenen „Stroke-Haushalt" im Gleichgewicht haben und für sich selbst gut sorgen, über desto mehr innere Ressourcen verfügen Sie, wenn es darum geht, Ihre Auszubildenden entsprechend zu stroken. Wenn Sie Ihre eigenen Bedürfnisse vernachlässigen, sind

Sie kurz- oder mittelfristig ein übel gelaunter Zeitgenosse, der für andere eine Zumutung darstellt und ein Reizklima schafft, das einer guten Beziehungsarbeit mit anderen abträglich ist.

Klingt das für Sie etwas befremdend? Fragen Sie sich, ob diese Vorgehensweise den „Normen" entspricht, ob man so etwas machen kann? Wenn Sie noch zweifeln, ob sich so etwas gehört, gibt es zwei Möglichkeiten:

1. Gehen Sie Ihren Gedanken nach und stellen Sie sich die Frage: „Hallo, wer spricht denn da?" Nehmen Sie eine neugierige Haltung ein und lauschen Sie, aus welchem Ich-Zustand diese Gedanken kommen und welche Grundposition dahinter steckt.

2. Orientieren Sie sich an einer Aussage von Kenneth H. Blanchard, einem bekannten amerikanischen Autoren und Dozenten auf dem Gebiet der angewandten Verhaltenswissenschaften, der in diesem Zusammenhang sehr treffend anmerkt: „Wenn du nicht in dein eigenes Horn stößt, könnte es jemand als Spucknapf benutzen."

Exkurs Ende

Die Vertragsarbeit und das Konzept der Zuwendung sind die tragenden Säulen einer professionellen Beziehungsarbeit. Diese entsprechend zu kommunizieren, davon handelt der nächste Abschnitt.

3.2 Gesprächsfördernde und -blockierende Transaktionen

Alles, was sich zwischen Menschen abspielt – vom gesprochenen Wort bis zu nicht-sprachlichen Botschaften – enthält eine Transaktion. Wie bereits erwähnt, ist eine Transaktion die kleinste Kommunikationseinheit. Sie besteht aus dem Transaktionsreiz (Frage, sachliche Aussage, Anweisung) und der Transaktionsreaktion (Antwort, Ausführung). Die Kommunikation ist demnach eine fortlaufende Kette von Reizen und Reaktionen, da jede Reaktion gleichzeitig wieder ein Reiz für den anderen Gesprächspartner ist.

Reiz-Reaktions-Kette

Beispielsweise wäre die Frage „Guten Morgen, wie geht's?" der Reiz und die Antwort „Danke, gut, und Ihnen?" die Reaktion. Sie besteht aus einer Antwort auf die Frage und einer angehängten Frage. Hier wird deutlich, dass die Antwort häufig eine Aufforderung (= Reiz) beinhaltet, die Kommunikation fortzuführen.

Ein Gespräch zu zweit ist eigentlich ein Gespräch zu sechst beziehungsweise zu zehnt: Beide Gesprächspartner können mit ihren drei Ich-Zuständen, mit den zusätzlichen Ausprägungen gibt es sogar fünf Möglichkeiten, beteiligt sein. Je nach Stimmung wechseln (blitzschnell) die einzelnen Ich-Zustände, die jeweils die einzelnen Kommunikationssituationen dominieren. Die Transaktionsanalyse untersucht nun, aus welchem Ich-Zustand der Reiz stammt und auf welchen Ich-Zustand des Gesprächspartners er zielt. Auf die gleiche Weise wird dann die Reaktion analysiert.

„Es ist wichtig zu erkennen, dass die Person, die einen Reiz empfängt, die alleinige Herrschaft und Kontrolle über die Reaktion besitzt. Obwohl bestimmte Ich-Zustände dazu neigen, bestimmte Ich-Zustände in anderen zu stimulieren und auch oft dabei Erfolg haben, ist ein stimulierter Ich-Zustand nicht verpflichtet, zu reagieren. Der Empfänger hat die Wahl, ob er von dem gereizten Ich-Zustand aus reagiert" (WAGNER 1992, S. 37). Und weiter heißt es in dem Buch „Besser führen mit Transaktionsanalyse": „Tatsache ist nämlich, dass ich niemanden dazu bringen kann, irgendetwas zu denken, zu fühlen oder zu tun. Ich kann noch nicht einmal einen Zweijährigen dazu bringen, etwas zu tun, was er nicht will. Hast du jemals versucht, einen Menschen glücklich zu machen, der nicht glücklich sein wollte? Es ist ein unmögliches Unterfangen" (ebd., S. 103 f.).

Aufgabe:
Stellen Sie sich vor, Sie fahren auf einer verkehrsreichen Landstraße, als sich ein anderer Fahrer nach einem riskanten Überholmanöver vor Ihren Wagen drängt und Sie zu heftigem Abbremsen zwingt. Wie reagieren Sie?

Solch eine Stimulierung kann unterschiedliche Reaktionen auslösen. Aber nur Waschmaschinen drehen auf Knopfdruck durch. Sie haben die Freiheit, zwischen „Knopfdruck" und „Durchdrehen" aus Ihrem gesamten Verhaltensrepertoire eine situationsgerechte Reaktion zu wählen. Sie können bestimmte Situationen nicht ändern, aber Ihre Einstellung dazu, aus der Ihr Handeln resultiert.

Entspannung: Parallele Transaktionen

Eine parallele Transaktion entsteht, wenn ein Reiz – der von einem bestimmten Ich-Zustand ausgeht – die erwartete Reaktion in dem angesprochenen Ich-Zustand des anderen hervorruft. Oder lapidar formuliert: „Wie man in den Wald hineinruft, so schallt es (hoffentlich) heraus."

Wie man in den Wald hineinruft, ...

Das Hauptmerkmal paralleler Transaktionen: Der Gesprächspartner reagiert erwartungsgemäß. Dabei ist es ohne Bedeutung, ob die Gesprächspartner im gleichen Ich-Zustand sind oder nicht. Mit anderen Worten: Parallele Transaktionen können waagerecht (beide Gesprächspartner befinden sich im gleichen Ich-Zustand) oder diagonal verlaufen (beide Gesprächspartner befinden sich in unterschiedlichen Ich-Zuständen).

a) Parallele Transaktionen auf der gleichen Ebene

Die einfachsten Transaktionen sind die, in denen Reiz und Reaktion vom Erwachsenen-Ich der beteiligten Personen kommen. Hier handelt es sich um einen Austausch von sachlichen Informationen oder Erfahrungen (s. Abbildung 4).

Erwachsenen-Ich

Beispiel:

Azubi: *„Meister, wo finde ich die Bohrmaschine?"*
Ausbilder: *„Zweite Schranktür von links."*

Wenn Reiz und Antwort aus dem Eltern-Ich der Beteiligten kommen, werden Normen und Lebensregeln ausgetauscht. Typisches Merkmal von parallelen Transaktionen auf der Eltern-Ich-Ebene sind Verallgemeinerungen und Pauschalurteile. Oft sind es auch Klatsch- und Tratschgeschichten über Abwesende.

55

3 Das Anwenden der Transaktionsanalyse in der Beziehungsarbeit

Ausbilder	Auszubildender
kritisches Eltern-Ich / fürsorgliches Eltern-Ich	kritisches Eltern-Ich / fürsorgliches Eltern-Ich
Erwachsenen-Ich	Erwachsenen-Ich
freies Kindheits-Ich / angepasstes Kindheits-Ich	freies Kindheits-Ich / angepasstes Kindheits-Ich

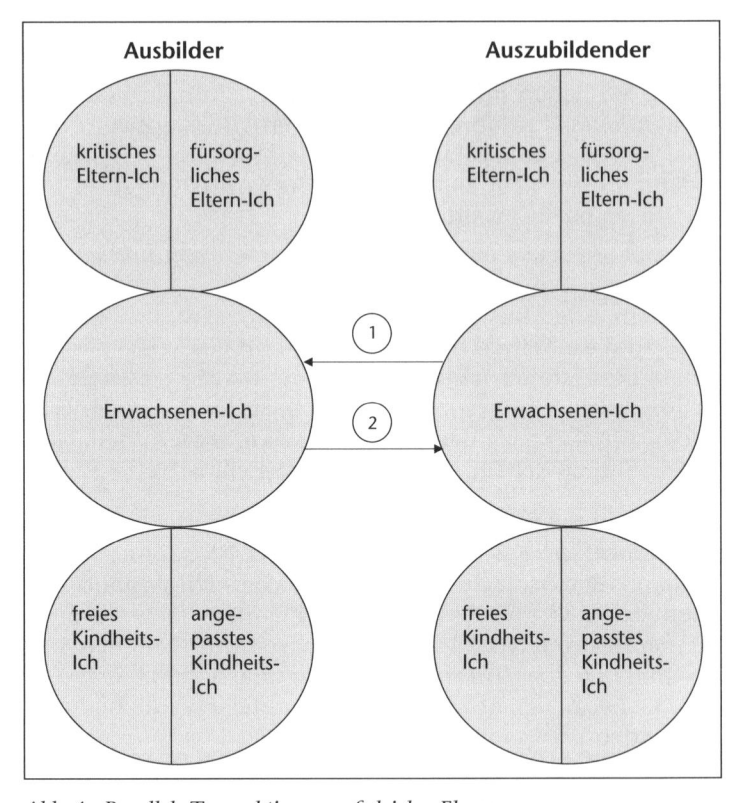

Abb. 4: Parallele Transaktionen auf gleicher Ebene

Beispiel:

Ausbilder Meier: „Diese Auszubildenden haben heute viel zu hohe Ansprüche!"

Ausbilder Schulz: „Ja, das kann man wohl sagen."

Kindheits-Ich Wenn Reiz und Reaktion aus dem Kindheits-Ich der Gesprächspartner kommen, werden Gefühle und Empfindungen ausgetauscht:

Beispiel:

Azubi: „Juhu, ich habe die Zwischenprüfung bestanden!"

Ausbilder: „Echt äh, das ist ja mega-stark, super Ingo!"

b) Parallele Transaktionen auf verschiedenen Ebenen

Beispiel:

Azubi: *„Ist die Arbeit diesmal besser ausgefallen?"*

Ausbilder: *„Ja, darüber habe ich mich sehr gefreut. Das haben Sie wirklich gut gemacht, ich bin stolz auf Sie."*

Wenn der Reiz aus dem strengen Eltern-Ich kommt und die Antwort aus dem angepassten Kindheits-Ich, handelt es sich meist um eine Anweisung, die ausgeführt wird, oder um einen Tadel und eine Entschuldigung.

Beispiel:

Ausbilder: *„Sie gehen sofort an Ihren Arbeitsplatz, ist das klar?"*

Azubi: *„Ja, ich geh' ja schon, ich wollte ja nur mal fragen."*

> **Kommunikationsregel:**
> Solange Reiz und Reaktion parallel verlaufen, kann die Kommunikation unbegrenzt fortgesetzt werden. Parallele Transaktionen sind konfliktfrei.

Konflikt vorprogrammiert: Gekreuzte Transaktionen

Gekreuzte Transaktionen erkennen Sie daran, dass eine unerwartete Reaktion erfolgt. Der Empfänger der Botschaft geht auf die Erwartungen des Senders nicht ein. Er kommuniziert nicht aus dem angesprochenen Ich-Zustand. Aus diesen enttäuschten Erwartungen kann dann eine Konfliktsituation entstehen.

Beispiel:

Ausbilder: *„Ihr Ausbildungsnachweis enthält nur Unsinn. Den werde ich nicht unterschreiben."*

Azubi: *„Mit welchen Aussagen sind Sie einverstanden?"*

> **Kommunikationsregel:**
> Wenn Reiz und Reaktion sich kreuzen, ist die Kommunikation zum ursprünglichen Thema beendet. Deshalb führen gekreuzte Transaktionen häufig zum Konflikt.

3 Das Anwenden der Transaktionsanalyse in der Beziehungsarbeit

Du kannst mich mal kreuzweise!

„Mit jemandem über Kreuz liegen", heißt es im Volksmund, wenn es darum geht, ein gespanntes Verhältnis zwischen zwei Personen zu charakterisieren. Nicht selten gipfeln solche Auseinandersetzungen in der abschließenden Formulierung: „Du kannst mich mal kreuzweise!"

Wie können Sie eine gestörte Beziehung wieder aufnehmen?

Konfliktentschärfung

Denken Sie darüber nach, aus welchem Ich-Zustand Ihr Auszubildender spricht und welchen Ich-Zustand er anspricht. Das Gespräch verläuft wieder konfliktfrei, sobald Sie aus dem angesprochenen Ich-Zustand antworten und beim Auszubildenden der Ich-Zustand angesprochen wird,

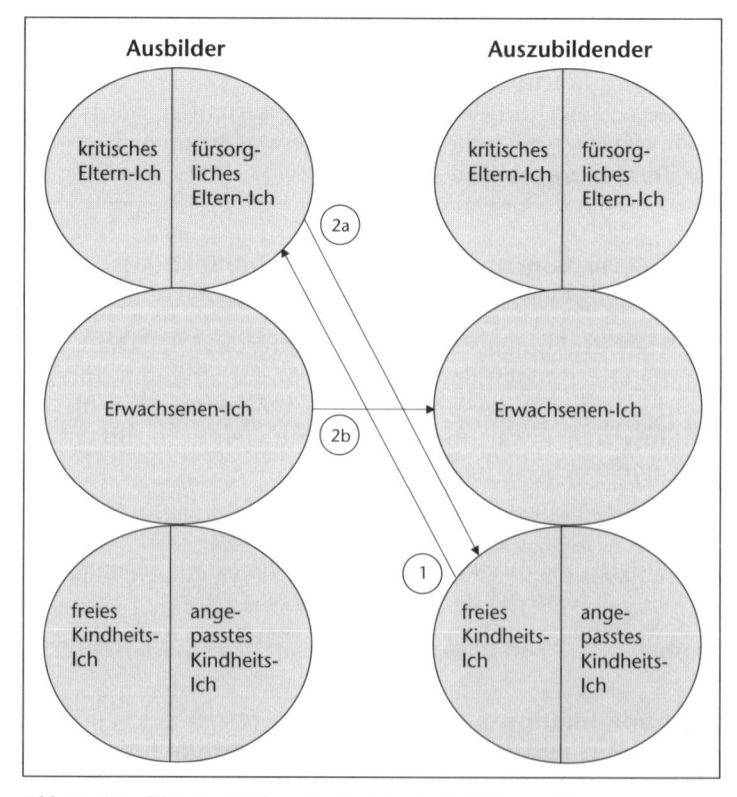

Abb. 5: Konfliktentschärfung durch zielorientierte Transaktionen

aus dem der Reiz erfolgte. So wird eine parallel-negative oder gekreuzte Transaktion in eine parallel-positive umgewandelt.

Anschließend kann das Gespräch dann auf der Erwachsenen-Ich-Ebene fortgesetzt werden, falls eine Problemlösung oder sachliche Diskussion gewünscht wird (s. Abbildung 5). Das folgende Praxisbeispiel soll dies verdeutlichen.

Fallbeispiel: Der „Null-Bock-Azubi"

In einem größeren Unternehmen der Mineralöl-Industrie wird der Auszubildende Sommer zum Kaufmann im Groß- und Außenhandel qualifiziert. Ein vierwöchiger Aufenthalt an einer Tankstelle ist obligatorischer Bestandteil des betrieblichen Ausbildungsplanes. Während eines Gespräches versucht der Auszubildende Sommer, seinen Ausbildungsbeauftragten Frühling von der Sinnlosigkeit dieses Einsatzes zu überzeugen:

„Herr Frühling, ich habe gehört, dass der Aufenthalt an der Tankstelle in ‚Winterhusen' total öde sein soll: Da muss man den Hof kehren, bei Wind und Wetter draußen stehen, um irgendwelche Tanksäulen zu putzen oder Autos abzuspritzen. Hinzu kommt, dass die Pausenzeiten nicht eingehalten werden. Da herrscht anscheinend ein ganz schlechtes Klima. Der zuständige Ausbildungsbeauftragte soll nicht Haare auf den Zähnen haben, sondern Borsten. Außerdem weiß ich gar nicht, wie ich dahin kommen soll. Zur Firma nimmt mich mein Vater jeden Tag mit. Aber ich kann von ihm nicht verlangen, dass er meinetwegen jeden Tag diesen Umweg in Kauf nimmt, nur um mich zur Tankstelle zu fahren. Zumal ich der Ansicht bin, dass das sowieso nichts bringt, vier Wochen an der Tankstelle rumzuhängen. Säulen putzen und so'n Kram, dass werde ich später niemals für einen Job im Marketing nutzen können. Ich bin eher ein Büromensch. Deswegen habe ich mich ja auch als Kaufmann bei Ihnen beworben und nicht als Tankwart. Ehrlich gesagt, ich hab' auf diesen Ausbildungsabschnitt null Bock."

Wie würden Sie reagieren?

Bevor Sie weiterlesen, stellen Sie sich bitte folgende Frage: Wie würden Sie anstelle von Ausbilder Frühling reagieren? Natürlich könnten Sie dem Auszubildenden sagen, dass es nicht immer danach ginge, ob man Lust hat oder nicht.

Doch was ist Ihr eigentliches Ziel: kurzfristig „Dampf ablassen" oder das Problem mit dem Auszubildenden zu lösen? Zwar ist es sinnvoll aus dem Eltern-Ich-Zustand zu reagieren, da der Reiz des Auszubildenden aus dem Kindheits-Ich-Zustand erfolgte, allerdings würde eine Intervention aus dem fürsorglichen statt kritischen Eltern-Ich-Zustand eine günstigere Ausgangsposition für den weiteren Gesprächsverlauf schaffen. Erst nachdem Sie verständnisvoll auf die Befürchtungen des Auszubildenden eingegangen sind, können Sie auf der Erwachsenenebene sachlich miteinander das Problem lösen.

Fortsetzung:

Nachdem der Ausbildungsbeauftragte Frühling – der grundsätzlich den Aufenthalt an einer Tankstelle befürwortet – die wichtigsten Punkte (schlechte Atmosphäre, sinnlose Tätigkeiten, zu große Entfernung) verständnisvoll zusammengefasst hat, erläutert er seine Sichtweise:

„Herr Sommer, wenn ich Sie richtig verstanden habe, beabsichtigen Sie, nach Abschluss Ihrer Ausbildung in der Marketing-Abteilung anzufangen. Dafür ist es wichtig zu wissen, wie das Geschäft an einer Tankstelle funktioniert. Worauf achten die Kunden? Wie wird plakatiert? Welche Marketingmaßnahmen machen wir? Wie werden die umgesetzt? All das können wir zwar theoretisch am Schreibtisch besprechen, aber erleben können Sie es besonders gut vor Ort. Lassen Sie uns doch gemeinsam überlegen, wie Sie den Aufenthalt so lehrreich wie möglich auch im Hinblick auf Ihren späteren Einsatz im Marketing nutzen können."

Da es keine festgelegte Station für den Einsatz an der Tankstelle gibt, einigen sich zum Ende des Prozesses die Gesprächspartner, dass der Auszubildende Sommer für vier Wochen an einer wohnortnahen Tankstelle den Ausbildungsabschnitt absolviert. Bis dahin erarbeitet er eine Checkliste, mit deren Hilfe er den Einsatz aus marketingspezifischen Gesichtspunkten erleben kann.

Tipps und Mini-Quiz

Wenn sich der Widerstand des Auszubildenden in Aussagen wie „Das ist doch viel zu schwierig" oder „Ich will das nicht" formuliert, bieten sich folgende Fragen an:

Richtige Fragen

▶ „Unter welchen Voraussetzungen könnte es gelingen?"
▶ „Was wäre die einfachste Vorgehensweise?"
▶ „Was müssten Sie tun, um ein Misslingen zu verhindern?"
▶ „Welche Interessen beziehungsweise Ziele haben Sie?"
▶ „Was möchten Sie lieber tun?"

Wie Sie Konflikte vermeiden und entschärfen

▶ Transaktionen, die aus dem kritischen Eltern-Ich erfolgen, sind konfliktträchtig und wenig geeignet, Konflikte von vornherein zu vermeiden oder bestehende Konflikte zu lösen. Im Klartext: Ein Ausbilder, der im kritischen Eltern-Ich auftritt, „bettelt" förmlich um Schwierigkeiten. Zum Beispiel: *„Sie haben nichts von meinen Erklärungen verstanden, weil Sie so denken, wie Sie aussehen – grau in grau."*

▶ Transaktionen, die aus dem Erwachsenen-Ich erfolgen, tragen eher zu einem sachlichen Gesprächsverlauf bei.

▶ Im Sinne von Informationsaustausch und sachlicher Argumentation führen parallele Transaktionen auf der Erwachsenen-Ich-Ebene weiter. Sie sind zugleich konfliktvermeidend.

▶ Zu einer guten Gesprächsatmosphäre tragen auch parallele Transaktionen auf der Eltern- und Kindheits-Ebene sowie zwischen diesen beiden Ebenen bei. Da sie in der Sache nicht zwangsläufig weiterführen, ist es sinnvoll, möglichst bald auf die Erwachsenen-Ebene zu wechseln.

▶ Grundsätzlich unterbrechen gekreuzte Transaktionen den Gesprächsverlauf. Einerseits können dadurch festgefahrene Gesprächssituationen „belebt" werden, andererseits besteht die Gefahr, dass sich ein Konflikt entwickelt.

3 Das Anwenden der Transaktionsanalyse in der Beziehungsarbeit

▶ Konfliktlösend können alle gekreuzten Transaktionen wirken, bei denen ein Kommunikationspartner versucht, das Gespräch auf der Erwachsenen-Ebene zu führen. Dabei ist es empfehlenswert, die gekreuzte Transaktion mit einer kurzen parallelen Transaktion zu kombinieren, um den Wechsel nicht zu überraschend oder schroff erscheinen zu lassen.

„Holen Sie den Auszubildenden da ab, wo er steht" lautet der altbewährte pädagogische „Evergreen". Nutzen Sie das Instrumentarium der TA, um zu erkennen, wo Ihr Auszubildender „steht".

Mini-Quiz: Testen Sie Ihre Kommunikationsfähigkeiten

Sie haben erfahren, dass in der Transaktionsanalyse zwei Grundmuster von Transaktionen unterschieden werden:

1. Komplementäre beziehungsweise parallele Transaktionen (= KT),

2. Gekreuzte Transaktionen (= GT).

Lesen Sie bitte die folgenden Aussagen und prüfen Sie, um welche Art von Transaktion es sich jeweils handelt:

Transaktionen	KT	GT
1. „Guten Tag, Herr Meier!" – „Guten Tag, Herr Müller!"		
2. Als der Azubi zehn Minuten zu spät ins Büro kommt, blickt der Ausbilder auf und knurrt ihn an: „Herr Meier, Sie sind schon wieder zu spät! So geht das aber nicht!" Herr Meier duckt sich und murmelt: „Entschuldigung, Herr Müller! Das soll nicht mehr vorkommen!"		
3. Der Ausbilder fragt: „Was hast du bei der zweiten Aufgabe herausbekommen?" Der Auszubildende antwortet: „Das war alles viel zu schwer. Wie sollte ich das denn schaffen?"		

▶

Gesprächsfördernde und -blockierende Transaktionen 3.2

Transaktionen	KT	GT
4. Der Chef fragt seine Sekretärin: „Wie spät ist es?" – „Kurz vor zwei!" antwortet diese.		
5. Der zu spät kommende Auszubildende fragt den Ausbilder: „Wie spät ist es denn?" Dieser steht auf, läuft rot an und brüllt: „Wie spät? Wie spät? Da fragen Sie auch noch? Jetzt kommen Sie schon wieder zu spät! Wie stellen Sie sich das eigentlich vor?"		
6. Ihr (Ehe-)Partner lässt sich in den Sessel fallen: „Mein Gott, was bin ich müde! Jetzt brauche ich erst einmal eine Massage von dir. Magst du?" Sie breiten lächelnd die Arme aus und flüstern in warmen Ton: „Aber sicher doch, Schatz."		
7. Ausbilder zum Auszubildenden: „Mit der Entschuldigung ist es nicht getan! Das passiert in dieser Woche nun schon zum dritten Mal." Der Auszubildende antwortet kleinlaut: „Es tut mir wirklich Leid, Herr Müller. Ich bin halt im Verkehr steckengeblieben." Ausbilder: „Also kommen Sie mir bloß nicht damit! Dann hätten Sie eben früher abfahren müssen ...!"		
8. Der Chef zur Sekretärin: „Wie spät ist es?" Die Sekretärin: „Oh, Entschuldigung, ich habe heute meine Uhr nicht um."		
9. Der Auszubildende zum Chef: „Wie spät ist es?" Der Chef: „Schon reichlich spät!"		

Lösung:

Bitte vergleichen Sie Ihre Resultate mit den „offiziellen" Ergebnissen:

1. Komplementäre Transaktion: Reiz und Reaktion kommen aus dem Erwachsenen-Ich-Zustand.

2. Komplementäre Transaktion: Reiz kommt aus dem kritischen Eltern-Ich-Zustand, Reaktion aus dem angepassten Kindheits-Ich-Zustand.

3. Gekreuzte Transaktion: Reiz kommt aus dem Erwachsenen-Ich-Zustand, Reaktion aus dem rebellischen Kindheits-Ich-Zustand.

4. Komplementäre Transaktion: Reiz und Reaktion kommen aus dem Erwachsenen-Ich-Zustand.

5. Gekreuzte Transaktion: Reiz kommt aus dem Erwachsenen-Ich-Zustand, Reaktion aus dem kritischen Eltern-Ich-Zustand.

6. Komplementäre Transaktion: Reiz kommt aus dem freien Kindheits-Ich-Zustand, Reaktion aus dem fürsorglichen Eltern-Ich-Zustand.

7. Komplementäre Transaktion: Reiz kommt aus dem kritischen Eltern-Ich-Zustand, Reaktion aus dem angepassten Kindheits-Ich-Zustand.

8. Gekreuzte Transaktion: Reiz kommt aus dem Erwachsenen-Ich-Zustand, Reaktion aus dem angepassten Kindheits-Ich-Zustand.

9. Gekreuzte Transaktion: Reiz kommt aus dem Erwachsenen-Ich-Zustand, Reaktion aus dem kritischen Eltern-Ich-Zustand.

Eine Trainingsaufgabe

TV-Analyse   Eine weitere Möglichkeit, Ihre Kommunikationsfähigkeiten zu trainieren, ist das Analysieren von Fernseh-Dialogen. Achten Sie auf die Ich-Zustände, aus denen die einzelnen Transaktionen erfolgen. So werden selbst „langweilige" Fernsehabende wieder interessant. Natürlich bieten sich auch Begegnungen innerhalb Ihres Kollegen-, Freundes- und Verwandtschaftskreises an, um ein Gespür für Transaktionen zu entwickeln. Sie glauben gar nicht, als wie spannend sich solche Begegnungen aus der Perspektive der Transaktionen entpuppen können. So gesehen gewinnen selbst alteingefahrene Begegnungen wieder an Attraktivität. Gönnen Sie sich diesen Spaß. Die anderen merken es ja nicht.

Bitte denken Sie daran:

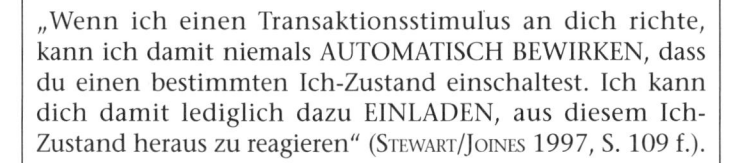

„Wenn ich einen Transaktionsstimulus an dich richte, kann ich damit niemals AUTOMATISCH BEWIRKEN, dass du einen bestimmten Ich-Zustand einschaltest. Ich kann dich damit lediglich dazu EINLADEN, aus diesem Ich-Zustand heraus zu reagieren" (STEWART/JOINES 1997, S. 109 f.).

4 Foulspiel in der Beziehungsarbeit

Kennen Sie Gespräche, die friedlich beginnen und am Ende ein Unbehagen hinterlassen? Dann haben Sie vermutlich jene Kommunikationssequenz erlebt, die in der Transaktionsanalyse als „Spiel" bezeichnet wird. Nach Eric Berne sind „Spiele" eine Folge verdeckter Transaktionen zwischen zwei oder mehreren Personen, an deren Ende sich alle Beteiligten unwohl fühlen.

Ein ungutes Gefühl kann als Indikator dafür genommen werden, dass gerade ein psychologisches Spiel ablief. Gewiss gibt es Störungen, die rein „zufällig" auftreten. Verdächtig sind dagegen Störungen, die kontinuierlich stattfinden. Der Verdacht liegt nahe, dass ein Spiel dahinter steckt. Wie sie entdeckt, abgestellt oder gar nicht erst mitgemacht werden, erfahren Sie in diesem Kapitel. Konsequenterweise lauten die Fragen: Warum werden psychologische Beziehungsspiele praktiziert? Was sind verdeckte Transaktionen? Woran können Sie „Spiele" erkennen und wie können Sie mit solchen „nervtötenden Kommunikationsfallen" umgehen?

4.1 Der Hintergrund von Psycho-Spielen

Ursprung aller unbewusst ablaufenden Spiele – auch Psycho- oder Erwachsenenspiele genannt – ist nach übereinstimmender Meinung der Psychologen die Kindheit, wo das nicht (genügend) liebte und gestreichelte Kind alles – eben auch Spielchen und Tricks – einsetzt, um wenigstens das fürs Überleben nötige Maß an Aufmerksamkeit von den Eltern zu bekommen. Schon das Wort „Spielchen" bringt zum Ausdruck, das etwas Manipulatives mitschwingt. Später, erwachsen geworden, sind diese Spiele dann unbemerkt Teil des Verhaltensrepertoire geworden. Unbewusst kommt dieses Verhalten zum Zuge, wenn der Mensch in eine innere Not gerät.

Prägende Kindheit

Streichel-einheiten

Mit anderen Worten: Eine Quelle, sich Streicheleinheiten zu erschließen, ist das unbewusste Inszenieren von Spielen. Dabei geht es nur vordergründig um das Thema. Der eigentliche Nutzeffekt oder Gewinn besteht neben dem Abbauen von innerer Spannung, dem Strukturieren der Zeit und dem Vermeiden unangenehmer Situationen wie Konflikte, Nähe oder Verantwortung darin, heimliche Motive wie Beachtung, Anerkennung oder Kontakt zu befriedigen. Sie werden nicht direkt zum Ausdruck gebracht, sondern indirekt kommuniziert.

Ganz konkret formuliert: Was ist der positive Gewinn, wenn ein Ausbilder sich über seinen Auszubildenden ärgert? Er wird gestrokt. Warum hält ein Auszubildender unter Umständen ein Problem aufrecht? Er wird weiterhin gestrokt. Was würde passieren, wenn sich der Auszubildende normengemäß verhält? Wenn dieses Verhalten als selbstverständlich registriert wird, entfallen die bisherigen Formen der Zuwendung.

Das Drama-Dreieck:
Ein einfaches Instrument zur Analyse von Spielen

„In meiner Werkstatt herrschen ein schlechtes Ausbildungsklima und ein rüder Umgangston", klagt der Ausbildungsleiter. *„Woran könnte das denn liegen?"* fragt der Betriebspsychologe. *„Das sollen Sie doch herausfinden – Sie Psycho-Heini!"*

Drama-Dreieck

Nur im Witz ist die Kotzbrocken-Rolle eindeutig besetzt. Eine Möglichkeit, Spiele und Rollen zu analysieren, ist das Drama-Dreieck (s. Abbildung 6), das von dem Transaktionsanalytiker STEPHEN KARPMAN entwickelt wurde. Dabei orientierte er sich an Theater-Dramen und untersuchte, wie die Spannung in solchen Inszenierungen zustande kommt. Er beobachtete, dass die Spannung durch ein plötzliches Wechseln zwischen den klassischen Rollen des Opfers, des Verfolgers und des Retters entsteht. Mit anderen Worten: In dem Moment, wo beispielsweise der Gejagte in die Rolle des Jägers schlüpft, wird es dramatisch.

Der Verfolger

Den meisten Spielen liegt dieses Schema zugrunde: „Opfer-Verfolger-Retter". Der Verfolger setzt anderen zu, indem er

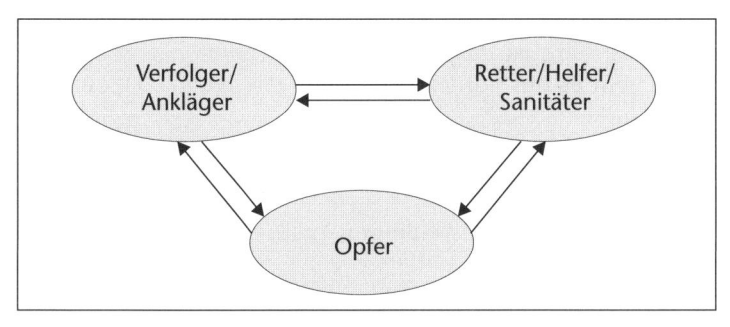

```
┌─────────────────────────────────────────┐
│   ╭─────────────╮       ╭─────────────╮ │
│   │  Verfolger/ │ ◄───► │ Retter/Helfer/│ │
│   │   Ankläger  │       │   Sanitäter  │ │
│   ╰─────────────╯       ╰─────────────╯ │
│           ▲    ╲       ╱    ▲           │
│           ▼      ╲   ╱      ▼           │
│              ╭─────────╮                │
│              │  Opfer   │                │
│              ╰─────────╯                │
└─────────────────────────────────────────┘
```

Abb. 6: Das Drama-Dreieck

anklagend aus dem kritischen Eltern-Ich heraus agiert. Er stellt rhetorische oder inquisitorische Fragen, erweckt in anderen Schuldgefühle, betont hierarchische Unterschiede und geht auf Distanz. Er sieht sich selten als Bestandteil eines Problems. Sein Motto lautet: „Wenn ich dich genügend bedrohe, tust du, was ich will."

Der Retter

Die Rolle des Retters ist zwar eine anstrengende, aber eine sozial akzeptierte Rolle. Der Retter übernimmt Überverantwortung, indem er aus dem fürsorglichen Eltern-Ich agiert. Er bietet jemandem ungefragt Hilfe an, obwohl dieser durchaus in der Lage ist, dies selbst zu erledigen. Seine Hilfe macht den anderen abhängig statt selbstständig. Retter agieren nach der Devise: „Wenn ich tue, was du erwartest, tust du, was ich will." „‚Retter‘ sind Kritische Eltern, die sich als Fürsorgende Eltern verkleiden; d.h. das Kritische Eltern-Ich sagt: ‚Du bist nicht okay'" (WAGNER 1992, S. 115).

Das Opfer

Das Opfer erlebt sich selbst als Objekt eines übermächtigen Geschehens und vermeidet, Verantwortung zu übernehmen. Unbewusst ist das Opfer auf der Suche nach einem Retter oder Verfolger.

Verfolger, Retter und Opfer sind soziale Rollen, die unbewusst eingenommen werden, um Bedürfnisse zu befriedigen. Keine dieser Rollen ist problemlösend. Zum Drama kommt es, wenn einer der Beteiligten die Rolle wechseln beziehungsweise aussteigen will. Der Switch ist das entscheidende Merkmal von Spielen.

Nun liegt die Vermutung nahe, dass jeweils drei Personen an einem Spiel beteiligt sein müssen. Das ist keineswegs so. Ein und derselbe Spieler kann während des Spiels in unterschiedliche Rollen „switchen", zum Beispiel vom Opfer- in die Verfolger-Rolle.

Fallbeispiel: Der „Ich-bin-dumm-Azubi

„Ich weiß gar nicht, für welche Fremdsprache ich mich an der Berufsakademie entscheiden soll", sagt ein 21-jähriger Auszubildender während der Mittagspause in Gegenwart seines Ausbilders. *„Also, ich fände es gut, wenn Sie mit Spanisch anfangen würden. Dann erfüllen Sie die Voraussetzungen für ein Praktikum in einer unserer spanischen Tochtergesellschaft."* *„Der Albert macht aber Englisch"*, erwidert der Auszubildende auf die Intervention des Ausbilders. *„Das ist kein Argument"*, kontert dieser. *„Ach, Sie immer mit Ihrem Spanisch, ich kann's schon nicht mehr hören. Nur weil das Unternehmen Kontakt zu einigen Tochtergesellschaften im spanischen Ausland hat"*, reagiert trotzig der Auszubildende.

Was ist hier geschehen? Der 21-jährige Auszubildende inszeniert unbewusst das „Ich-bin-dumm-Spiel", indem er seine Fähigkeit zu denken und eigene Entscheidungen zu treffen abwertet. Er schlüpft in die Rolle des „Opfers", das nicht in der Lage ist, diesen Entscheidungsprozess zu beeinflussen. Er ignoriert die eigene Problemlösefähigkeit getreu der Devise: „Wo lassen Sie denken? Ich lasse meinen Ausbilder für mich denken. Der kann das so gut." Dadurch wird beim Ausbilder der Retter-Instinkt stimuliert. Obwohl der Auszubildende mit keiner Silbe nach einem Tipp oder Ratschlag gefragt hat, „zaubert der Ausbilder die Lösung aus dem Hut", was den Wechsel des Auszubildenden vom „Opfer" zum „Verfolger" vorbereitet. Vor allem aus dem letzten Satz lässt sich erahnen, dass der Auszubildende nicht nur verbal, sondern auch non-verbal anklagend agiert. Unterm Strich betrachtet gewinnt der Ausbilder – „der es doch nur gut gemeint hat" – den Eindruck, dass der Auszubildende unfähig und undankbar ist. Und der Auszubildende wird in seiner Erkenntnis bestätigt, dass ihm keiner helfen kann. Das Ergebnis des Gespräches ist ein psychologisches Fiasko. Und so kann es über Monate oder Jahre weitergehen; die Beteiligten „springen" im Dreieck.

Um das selbstständige Denken und Entscheiden des Auszubildenden zu fördern, wäre es in dieser Situation besser gewesen, wenn der Ausbilder das Erwachsenen-Ich des Auszubildenden durch das Stellen von W-Fragen beziehungsweise offenen Fragen stimuliert hätte:

Erwachsenen-Ich mit W-Fragen stimulieren

▶ Welche Vorstellungen verbinden Sie mit den einzelnen Fremdsprachen?

▶ Worin sehen Sie die Vor- und Nachteile, was das Erlernen der einzelnen Sprachen betrifft?

▶ Welche Informationen fehlen Ihnen zu einer selbstständigen Lösung?

▶ Wie haben Sie bisher in solchen Situationen Ihre Entscheidungen getroffen?

Diese Vorgehensweise nimmt zwar mehr Zeit in Anspruch, ist aber letztendlich für alle Beteiligten wesentlich effektiver. Die „Ich-bin-dumm-Spieler" sind im Regelfall sehr intelligente Menschen.

In seinem Buch „Die alltäglichen Spielchen im Büro" weist der Autor ULRICH DEHNER darauf hin, dass Auszubildende ein „Blöd-Spiel" nicht immer mit einer blöden Frage eröffnen, und schildert folgenden Fall:

Spielchen im Büro

„Eine Auszubildende hat beispielsweise die ‚stumme' Spieleröffnung zur Meisterschaft gebracht. Sie hat ihr Abitur mit dem sensationellen Notendurchschnitt von 1,2 gemacht. Eines Tages wurde sie von der Chefin ertappt, wie sie die Post kuvertierte – die nicht unterschriebene Post. Die Chefin rief entsetzt: ‚Warum um Himmels willen tüten Sie die Post ein, wenn sie noch nicht unterschrieben ist?' Die Auszubildende erwiderte mit treudoofem Blick: ‚Warum – muss die Post unterschrieben sein?' Bei einem Abitur von 1,2 ist das ganz klar der Köder für ein Blöd-Spiel mit gigantischem Krach" (DEHNER 2001, S. 67).

4 Foulspiel in der Beziehungsarbeit

Was nun den Umgang mit solchen „Bürospielchen" betrifft, schreibt der Autor an einer anderen Stelle: „Das richtige Reagieren auf die Spielzüge des anderen, ohne ihn abzuwerten, ist eine weit wirksamere Waffe gegen die ‚Kindereien der Mitarbeiter' als jede Form des ‚Ausrastens' ... Wenn Sie als Führungskraft angesichts des Spiels des Mitarbeiters ärgerlich werden, besetzen Sie höchstwahrscheinlich die Position des ‚Verfolgers', Ihr Mitarbeiter wird damit zum ‚Opfer', ..." (DEHNER 2001, S. 12). Wie dieses richtige Reagieren aussehen könnte, davon handelt der nächste Abschnitt.

4.2 Typische Spielköder: Wege aus dem „Psycho-Krieg"

Immer wenn Gespräche mit Auszubildenden unangenehm werden, fragen Sie sich:

▶ Welche Rolle spielt der Auszubildende?
▶ Welche Rolle bietet er mir an?

Generell können Sie ein Spiel vermeiden beziehungsweise beenden, indem Sie aus dem Erwachsenen-Ich-Zustand agieren und Spieleinladungen von vornherein ablehnen. Dies setzt allerdings voraus, dass Sie typische „Spielköder" erkennen. Hierunter sind Verhaltensweisen, Sätze oder Satzanfänge zu verstehen, die auf das Gegenüber so verlockend wirken, dass sie in vielen Fällen den Auftakt zu einem Spiel bilden.

Spielköder im Überblick

Spiele beginnen wie eine Angelpartie: Einer wirft den Köder aus. Zu den typischen „Tricks", ein Spiel zu initiieren, gehören folgende „Köder":

a) Übertreibungen:

Wenn ein Gesprächspartner „aus einer Mücke einen Elefanten macht", kann es sich um einen „Lockruf" handeln. Geht der Empfänger darauf ein, stellt die Übertreibung den Auftakt zum Spiel dar.

> Wenn Sie solche Übertreibungen entdecken und nicht mitspielen wollen, so ignorieren Sie die Einladung zum Spiel.

b) Verallgemeinerungen:

Verallgemeinerungen sind Prozesse, an deren Ende einzelne Erlebnisse allgemein gültig präsentiert werden. Zum Beispiel: „Sie kommen immer zu spät zur Arbeit", sagt der Ausbilder zum Auszubildenden. Wer sich auf Verallgemeinerungen oder Generalisierungen einlässt, führt einen Streit um Wahrnehmung, der zu nichts führt, da Wahr-Nehmung subjektiv bedingt ist. Seien Sie auf der Hut, wenn Ihr Gesprächspartner Wörter wie „immer", „nie", „keine/r", „alle" „jede/r", „schon wieder" benutzt.

> Reagieren Sie auf solche Einladungen, indem Sie beispielsweise sagen: „Sie sehen das so, ich sehe das anders."

c) Verdeckte Transaktionen:

Erinnern Sie sich noch? Im Sinne der TA besteht ein Kommunikationsprozess aus Transaktionen zwischen den einzelnen Ich-Zuständen. Neben der parallelen und gekreuzten Transaktion gibt es ein drittes Grundmuster: die verdeckte Transaktion. Sie ist die am schwersten zu durchschauende Transaktion, weil sie zwei Botschaften hat: eine hörbare und eine psychologische beziehungsweise verdeckte, die nur indirekt aus dem Klang der Stimme, der Betonung, Mimik/Gestik und der Erinnerung an vorangegangene Situationen erschlossen werden kann. Der Kommunikationstheoretiker PAUL WATZLAWICK nennt dieses Begleitprogramm „das Rauschen in der Kommunikation". „Der Ton macht die Musik" heißt es im Volksmund. Und der Berliner sagt: „Nachtigall, ick hör' dir trapsen." Das Dramatische an diesen Doppelsignalen in dieser Kommunikation ist, dass Sie manchmal glauben, es rauscht, und manchmal hören Sie es nicht rauschen, obwohl es rauscht.

Trügerisch sind solche Transaktionen, weil sie scheinbar auf einer sachlichen Erwachsenen-Ich-Ebene stattfinden: *„Herr*

4 Foulspiel in der Beziehungsarbeit

Vogel (gedehnt), wo steckt denn eigentlich der Vorgang der Firma Müller, Meier & Co. KG?", fragt der Ausbilder den Auszubildenden. Dabei denkt er sich: *„Den haben Sie doch bestimmt wieder verbummelt."* Grafisch sieht das so aus (s. Abbildung 7):

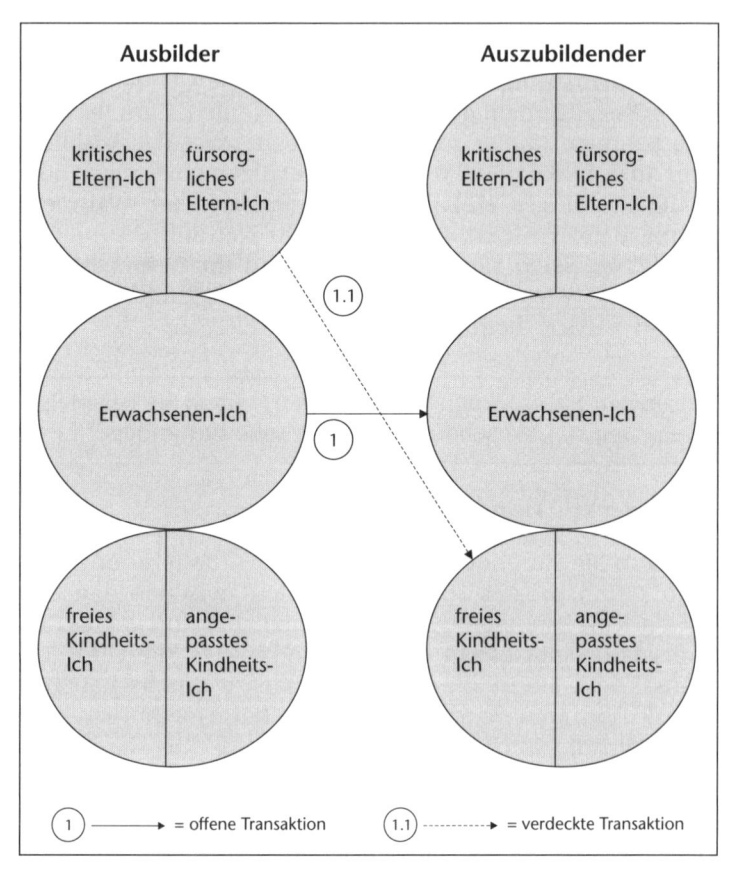

Abb. 7: Die verdeckte Transaktion

Wer sich auf solche Transaktionen einlässt, hat schon verloren. Mit einer verdeckten Transaktion hat der Sender immer einen „Joker im Ärmel", weil er jederzeit sagen kann: „Ich weiß jetzt nicht, was Sie von mir wollen? Das habe ich gar nicht gesagt."

Tipp: Es gibt drei wesentliche Strategien im Umgang mit verdeckten Transaktionen:

1. Ignorieren Sie solche Einladungen.
2. Fragen Sie nach: „Sie sagen ..., ich höre aber auch ..."
3. Konfrontieren Sie den Gesprächspartner: „Was wollen Sie mir eigentlich sagen?"

Generell können Sie verdeckte Transaktionen verhindern, wenn Sie bereit sind, Ihre Gefühle offen auszudrücken, wenn Sie um das bitten, was Sie gerne möchten, und wenn Sie offen und ehrlich auf verdeckte Reize, die Ihnen gesandt werden, reagieren. Sie erkennen, an wen der Stimulus gerichtet ist, indem Sie auf die „Melodie" achten. Auf eine kurze Formel gebracht heißt die Regel im Umgang mit verdeckten Transaktionen: „Machen Sie aus Ihrem Herzen keine Mördergrube."

d) Geschlossene Fragen:

Geschlossene Fragen laden zum „Ja-aber-Spiel" ein. Zum Beispiel bietet ein Ausbilder bei Problemen seines Auszubildenden aus der Position des Retters heraus permanent Lösungen an, die dieser mit „Ja, aber ..." ablehnend kommentiert und dem Ausbilder damit beweist, dass seine Lösungen nichts taugen. Selbst wenn die genannten Lösungen nobelpreisverdächtig und von bestechender Genialität wären, würden sie in Bausch und Bogen abgelehnt werden. „Der Spieler spielt nicht, um sich seine Bedenken ausreden zu lassen, sondern um seine Bedenken ausufern zu lassen. Sein Ziel ist es, so oft und so lange wie irgend möglich ‚Ja, aber ...' zu sagen. ‚Entweder bis zur Mittagspause oder bis zum Tod eines der Beteiligten' wie ein Maschinenmeister es ironisch ausdrückte" (DEHNER 2001, S. 60 f).

Ja-aber-Spiel

Der Ausstieg aus einem „Ja-aber-Spiel" erfolgt, indem Sie keinerlei Ratschläge mehr geben. Eine andere Möglichkeit besteht darin, dass Sie voraussagen, was passieren wird. Sagen Sie beispielsweise scherzhaft: „Wenn ich Ihnen antworte, sagen Sie wieder ‚Ja, aber ...'." Bitte bedenken Sie: Nicht jeder Kommentar ist der Auftakt zu einem „Ja-aber-Spiel". Unter Umständen weist Ihr Auszubildender auf berechtigte Einwände hin. Erst ab zirka dem dritten „Ja, aber ..." liegt die Vermutung nahe, dass gespielt wird. Wenn das der Fall sein sollte, haben Sie jederzeit die Möglichkeit, aus dem Spiel auszusteigen.

Generelle Empfehlung zum Stellen von Fragen:

Geschlossene Fragen
▶ Wenn es Ihnen darum geht, kurz, schnell und präzise Antworten einzuholen, stellen Sie geschlossene Fragen. Zum Beispiel: „Darf ich Ihnen in diesem Zusammenhang einen Hinweis geben?" Eine andere Form, ein Gespräch auf den Punkt zu bringen oder eine Entscheidung zu erreichen, sind Alternativfragen: Sie offerieren dem Gesprächspartner zwei oder mehrere Alternativen, aus denen er wählen kann.

W-Fragen
▶ Geht es Ihnen darum, die Sichtweisen oder Kenntnisse des Befragten zu erfahren, stellen Sie offene Fragen, auch W-Fragen (was, wie, wann, wo, wer, womit) genannt. Zum Beispiel: „Das ist ja wirklich nicht leicht, was die Auswahl der Fremdsprache betrifft. Was wollen Sie jetzt tun, um eine Entscheidung zu treffen?"

Keine Warum-Fragen
▶ Vermeiden Sie insbesondere Warum-Fragen. Das Wort „Warum" erinnert oft unbewusst an solche kritischen Eltern-Fragen wie „Warum hast du deine Hausaufgaben noch nicht gemacht?" oder „Warum hast du ins Bett gepinkelt?" und stimuliert das angepasste Kind. Außerdem sind Warum-Fragen oft ein Ersatz für Feststellungen: Die Fragenden verschleiern ihre eigene Unzufriedenheit oder ihren Ärger als Frage. Warum-Fragen leiten nicht selten verdeckte Transaktionen ein. Daher ist es besser, Fragen nach was, wo und wie zu formulieren statt nach warum.

Ein Beispiel: Die Frage „Was sind die Gründe für Ihr Zuspät-Kommen?" ist oft wirksamer als „Warum kommen Sie zu spät?". Im ersten Fall erhalten Sie wahrscheinlich eher Fakten, die für das Lösen des Problems wichtig sind, während im zweiten Fall eher Entschuldigungen genannt werden, was die Problemlösung verzögert.

e) Handeln ohne Vertrag:

Wie Sie bereits wissen, ist das Grundprinzip der Gesprächsführung im Sinne der Transaktionsanalyse die Arbeit mit Verträgen. Es ermöglicht ein klar definiertes Vorgehen. Bezogen auf den dargestellten Fall könnte die Vertragsklärung dadurch erfolgen, dass der Ausbilder beispielsweise fragt: „Sind Sie an meiner Meinung interessiert?" Oder: „Darf ich Ihnen etwas empfehlen?" Mit solchen und ähnlichen Fragen schaffen Sie eine Plattform, auf der ein konstruktives Miteinander und das Fördern der Autonomie möglich ist. Fehlt diese Basis, besteht die Gefahr, in psychologische Spiele abzudriften. Dann erfolgt das Handeln aus der Position des Retters heraus, indem dieser ungefragt Tipps und Ratschläge erteilt. In solchen Momenten erweist sich, dass auch Rat-Schläge „Schläge" sein können.

f) Passivität:

Mit Passivität wird in der Transaktionsanalyse jedes Denken, Fühlen und Handeln bezeichnet, das nicht aufgaben- oder problemlösungsorientiert ist. So paradox es auch klingen mag: Passives Verhalten kann sehr aktive Formen annehmen, mit denen die Betreffenden andere dazu bringen wollen, ihre Probleme zu lösen. Wer sich darauf einlässt, indem er in die Rolle des Retters schlüpft, streichelt den Betreffenden in seiner Passivität und fördert dessen „Opfer-Dasein". Auch hier ist es wichtig, wenn es darum geht, die Autonomie des Auszubildenden zu fördern, die Verantwortung da zu lassen, wo sie hingehört: beim Auszubildenden. Er besitzt das Problem, nicht der Ausbilder. Wer dies ignoriert, verhält sich so kontraproduktiv wie der Ausbilder, der seinen Auszubildenden jeden Morgen telefonisch weckt, um dessen Pünktlichkeit zu fördern.

Vier Formen von Passivität

Passivität äußert sich in vier verschiedenen Verhaltensweisen:

1. Nichtstun

Unter „Nichtstun" wird das Ausbleiben einer Reaktion auf ein Problem verstanden. Anders formuliert: Bei dieser Form

Augen zu und durch

von Passivität handelt es sich um die „Augen-zu-und-durch-Strategie". Zum Beispiel: Während des praktischen Werkunterrichts schaut ein Ausbilder bei einem Verstoß gegen Unfallverhütungsvorschriften weg. Obwohl ihm die Sicherheitsbestimmungen bekannt sind und das sicherheitswidrige Verhalten sofort gestoppt werden müsste, um weiteren Gefahren vorzubeugen, unternimmt der Ausbilder nichts.

2. Überanpassung

Keine eigenen Zielen verfolgen

Wenn ein Auszubildender sich überangepasst verhält, folgt er nicht seinen eigenen Zielen, sondern akzeptiert für sich die Ziele anderer. Oder er folgt seiner Fantasie über das, was andere wollen oder erwarten, ohne über den Sinn nachzudenken. Da er damit im Allgemeinen freundlich und verständnisvoll wirkt, wird sein Handeln zumeist sozial verstärkt. Ein klassischer Fall von Überanpassung liegt vor, wenn junge Menschen den Beruf ihrer Eltern erlernen, um eines Tages deren Betrieb fortzuführen, obwohl ihre beruflichen Interessen auf ganz anderen Gebieten liegen.

3. Agitation

Ablenkung suchen

Unter „Agitation" wird eine sich wiederholende, nicht zielgerichtete Aktivität verstanden. Dazu ein Beispiel: Als der Autor dieses Buches im Rahmen seines Studiums die Diplomarbeit anfertigen wollte, agierte er zunächst passiv, indem er äußerst aktiv war: Nachdem er alle Materialien, die für das Anfertigen einer Abschlussarbeit benötigt werden, zusammengetragen hatte, fiel ihm auf, dass der Abwasch in der Küche längst fällig war. Beim Einräumen der Teller und Tassen war der Staub in den Küchenschränken unverkennbar, was den Diplomanden motivierte, diesen unmittelbar zu entfernen. Es versteht sich von selbst, dass dazu sämtliche Küchenschränke zunächst ausgeräumt werden mussten. Nach und nach entpuppte sich der anfängliche Geschirrabwasch zum ausgedehnten Frühjahrsputz. Nachdem alles blink und blank war und sich leider keine weitere Putzaktion ergab, blieb dem Studenten nichts anderes übrig als sich zum Schreibtisch zu bewegen und mit dem Anfertigen der Abschlussarbeit zu beginnen. Heute fragt seine Ehefrau gelegentlich, ob er nicht mal wieder eine Diplomarbeit schreiben müsste.

Wie Sie sehen, ist Agitation dadurch gekennzeichnet, dass Menschen äußerlich schwer in Bewegung sind; allerdings tragen diese Aktivitäten nicht zum Lösen des Problems bei. In dem oben genannten Beispiel war die Wohnung blitzsauber, gar keine Frage. Allerdings gingen für diese Putzaktion fünf Tage drauf, die für das Anfertigen der Diplomarbeit vorgesehen waren. Durch Agitation versuchen Menschen, unangenehmes inneres Erleben zu vermeiden oder zu verringern, indem sie sich mit Nebensächlichkeiten beschäftigen. Zum agitiertem Verhalten in der Berufsausbildung gehören beispielsweise das „Ja-aber-Spiel" oder das Hin- und Herrennen in der Werkstatt, ohne damit ein „Ziel" zu erreichen.

4. Gewalt

Die vierte Form passiven Verhaltens ist die Gewalttätigkeit. Sie stellt eine Entladung von Energie dar, die im Rahmen von Passivität aufgebaut und nicht angemessen gelebt wird. Zum Beispiel handelt ein Auszubildender gewalttätig, wenn er andere Auszubildende angreift oder bedroht, Werkzeuge, Maschinen, Einrichtungsgegenstände und sonstige Materialien zerstört. Sich selbst (arbeits)unfähig zu machen, ist ebenfalls eine Form von Gewalt. Während der Gewalttätigkeit wird das Denken ausgeschaltet und zumeist die Verantwortung für das eigene Verhalten abgelehnt. Gewalt ist wie alle anderen Formen von Passivität ein ineffektiver Weg, Probleme zu lösen und Ziele zu erreichen.

Wut und Gewalt

Fallbeispiel: Der „Ich-hab-mich-doch-bemüht-Azubi"

In einem europäischen Dienstleistungskonzern werden im Rahmen der bedarfsorientierten Ausbildung etwa sechs Auszubildende pro Jahr eingestellt. Sie streben eine Ausbildung als Bürokaufleute an oder bewerben sich für ein kombiniertes Angebot von Berufsausbildung plus Studium. Nach etwa einem Jahr erfolgt für vier Wochen ein Aufenthalt in den Konzerngesellschaften. Dieser Einsatz geschieht aus unterschiedlichen Gründen: Einerseits sollen die Auszubildenden das „Abnabeln" vom Elternhaus und das Weggehen aus dem gewohnten Umfeld lernen. Andererseits will das Unternehmen den Auszubildenden die Chance bieten, ihren Horizont zu erweitern, indem sie andere Unternehmenskulturen und deren Sprachen kennen lernen. Mit dieser Maßnahme will das Unternehmen die Mobilität und Eigenständigkeit ihrer Auszubildenden fördern, zumal der Einsatz nach der Berufsausbildung ebenfalls bundesweit erfolgen kann.

Das Vorbereiten auf den „Auslandsaufenthalt" erfolgt im Rahmen von Rund-Gesprächen, an denen sowohl die Auszubildenden als auch die Ausbildungsleiterin teilnehmen. Hier werden die Auszubildenden, die ihre bundesweiten Einsätze noch vor sich haben, von den „Heimkehrern" über die vielfältigen Möglichkeiten der „Wanderjahre" informiert. Die Auszubildenden sind aufgefordert, den standortfernen Einsatz selbstständig zu organisieren und sich gegenseitig zu unterstützen. Das Fördern der Eigenständigkeit und der Teamgedanke stehen dabei im Mittelpunkt.

In diesem Jahr haben bereits fünf Auszubildende ihre Einsatzplanung abgeschlossen und der Ausbildungsleitung mitgeteilt. Nur von Herrn Schulz weiß die Ausbildungsleiterin noch nicht, wo im nächsten Jahr sein Einsatz erfolgen wird. Herr Schulz fällt den Ausbildungsbeauftragten durch sein engagiertes Auftreten auf. Er möchte am liebsten auf allen Hochzeiten tanzen. Durch sein vielfältiges Engagement kommt es schon mal vor, dass er Terminarbeiten verschwitzt. In den Situationen, in denen das der Fall war, stieß er in der Regel auf Verständnis. Denn Herr Schulz ist ein so engagierter junger Mann.

Auf die Frage, wo Herr Schulz im nächsten Jahr tätig wird, tut er so, als ob eine Beschäftigung damit noch Zeit hätte. Weil Herr Schulz ein so engagierter Mann ist, akzeptiert die Ausbildungsleiterin diese Herangehensweise und bittet ihn, ihr mitzuteilen, sobald seine Einsatzplanung geklärt ist.

Mittlerweile sind einige Monate vergangen; bis zum „Auslandsaufenthalt" sind es nur noch 14 Tage. Wer sich bislang nicht gemeldet hat, ist Herr Schulz. Nach seiner Einsatzplanung gefragt, gibt er zu erkennen, dass er es nicht geschafft hat, einen Ausbildungsplatz in einer Konzerngesellschaft zu bekommen. Danach gefragt, was er denn bislang unternommen hätte, erfährt die Ausbildungsleiterin, dass Herr Schulz in den vergangenen Monaten wenig Zeit hatte, sich intensiv darum zu kümmern. Schließlich hatte er sich freiwillig gemeldet, angehenden Betriebswirten und Bürokaufleuten auf verschiedenen Veranstaltungen den unternehmensspezifischen Ausbildungsgang zu präsentieren. Hinzu kommt, dass er sich in der Jugend- und Auszubildendenvertretung des Unternehmens engagiert. Außerdem hat er eine Rolle in der betrieblichen Laienspielgruppe für das diesjährige Weihnachtsmärchen übernommen, das sich alle Jahre wieder großer Beliebtheit erfreut und von zahlreichen Schulklassen besucht wird. Herr Schulz schließt seine Erklärungen mit dem Satz: „Frau Meier, ich habe mich wirklich um einen ‚Auslandsaufenthalt' bemüht. Aber leider hat es nicht geklappt. Ich weiß nicht, was ich noch tun soll."

> Angenommen, Sie sind in der Rolle von Frau Meier. Wie reagieren Sie jetzt?

Bei all Ihren Überlegungen ist es wichtig sicherzustellen, dass Sie mit Ihrer Reaktion nicht unbesehen jenes Verhalten des Auszubildenden fördern, mit dem er sein Lern- und Entwicklungsprozess behindert und seine Autonomie einschränkt. In der gegebenen Situation ist es geradezu verführerisch, in Windeseile für Herrn Schulz einen „Auslandsaufenthalt" zu organisieren. Das Problem wäre damit gelöst. Wirklich? Wenn das Problem darin besteht, dass der Auszubildende keinen Einsatzort gefunden hat, dann liegt in der Organisation eines „Auslandsaufenthaltes" die Lösung. Wenn aber das Problem in der Passivität des Auszubildenden liegt, dann ist die Lösung kontraproduktiv, weil sie jenes Verhalten des Auszubildenden bestärkt, das zu dieser Situation geführt hat. Aber warum sollte das Problem in der Passivität des Auszubildenden liegen? Schließlich ist Herr Schulz ein so junger engagierter Mann. Im Eifer des Gefechts kann es schon mal passieren, die eine oder andere Aufgabe zu verschleppen. Bei genauerer Betrachtung fällt allerdings auf, dass die Aktivitäten des Auszubildenden nicht zielführend waren, was die Organisation des „Auslandsaufenthaltes" betrifft. Er engagiert sich zwar in unterschiedlichen Projekten, die alle sehr lobenswert sind, vergisst darüber hinaus aber seine primären Aufgaben.

4 Foulspiel in der Beziehungsarbeit

Agitation als Passivität Das passive Verhalten besteht hier in Form der „Agitation": Verhalten, bei dem die Energie in zahlreiche Aktivitäten investiert wird, die nicht zur Lösung der eigentlichen Aufgabe dienen. Vor diesem Hintergrund wird deutlich, warum das Organisieren eines „Auslandsaufenthaltes" kontraproduktiv wäre: Diese „Lösung" würde den Auszubildenden in seiner Passivität bestätigen. Da es primär um das Fördern von Eigenständigkeit geht, erscheint es sinnvoller, das passive Verhalten zu „konfrontieren". Wie Sie unangemessenes Verhalten konfrontieren, lesen Sie bitte im nächsten Kapitel.

> **Generelle Fragen im Umgang mit „Aufschieberitis":**
>
> ▶ „Ich möchte mit Ihnen checken, bis wann Sie die Aufgabe X erledigen können; wie sieht es bei Ihnen in der nächsten Woche aus? Haben Sie da genug Pufferzeiten? Sagen Sie mir bitte am Mittwoch, ob Sie im Zeitplan sind."
>
> ▶ „Was hindert Sie daran, jetzt (morgen) damit zu beginnen?"
>
> ▶ „Welche Vorarbeiten könnten Sie gleich in Angriff nehmen?"

Exkurs: Die gefährlichen Helfer – Wenn der Ausbilder zum Über-Vater mutiert

Kann denn Helfen Sünde sein? Kann denn Helfen Sünde sein? Entspricht es nicht den Pflichten von Ausbildern, den Auszubildenden zu helfen? Ja und Nein: Ja, wenn der Auszubildende nicht über die entsprechenden Fähigkeiten verfügt, eine Aufgabe selbstständig zu meistern. Nein, wenn dies der Fall ist. Ihn dazu anzuleiten, ist allgemein das Ziel der Berufsausbildung. Also, die Antwort auf die eingangs gestellten Fragen lautet eindeutig Jein.

Angenommen, Ihr Auszubildender ist beim Streichen einer Fassade vom Gerüst gefallen und liegt bis zum Hals eingegipst im Krankenhaus. Während Ihres Besuches bittet er Sie um ein Glas Sprudel. In dieser Situation hätte eine Intervention wie – „Überlegen Sie einmal: Welche Möglichkeiten haben Sie, um Ihr Ziel selbstständig zu erreichen?" – nichts mit Hilfe zur Selbsthilfe zu tun. Sie wäre schlicht und einfach grotesk. Der Auszubildende ist auf Ihre Hilfe angewiesen. Genauso ist er auf Ihre Unterstützung angewiesen, wenn es darum geht, sich in einer neuen Abteilung zu orientieren und in ein neues Tätigkeitsfeld einzuarbeiten.

Doch Anlässe, bei denen junge Menschen solche Hilfen brauchen, sind seltener, als es oftmals wahrgenommen wird. Genau genommen können Sie solche Anlässe an einer Hand abzählen. Nehmen Sie das vorhin geschilderte Fallbeispiel der Agitation. Wie bereits dargestellt, wäre es in der gegebenen Situation geradezu verführerisch, in Windeseile für Herrn Schulz einen „Auslandsaufenthalt" zu organisieren. Ausbilder, die solchen Verlockungen nicht widerstehen können, finden sich gelegentlich in ihren Versuchen, Leiden zu verhindern, Kummer zu lindern und Probleme zu lösen, in der Rolle des „Retters" wieder. Sie erinnern sich: Der Retter übernimmt Überverantwortung, indem er aus dem fürsorglichen Eltern-Ich agiert. Er bietet jemandem ungefragt Hilfe an, obwohl dieser durchaus in der Lage ist, die Aufgabe ebenso gut – oder vielleicht besser – allein zu erledigen. In solchen Momenten entpuppt sich der Ausbilder als Über-Vater, das Helfen als kontraproduktiv. Der Ausbilder blockiert die Eigeninitiative des Auszubildenden und fördert gleichzeitig dessen Passivität. Seine Hilfe macht den anderen abhängig statt selbstständig.

Die Retter-Rolle

„Je mehr Hilfe wir leisten, desto hilfloser werden die Empfänger der Hilfeleistung", schreibt der amerikanische, pädagogische Erfolgsautor THOMAS GORDON (2002, S. 75). Er unterscheidet zwischen der Hilfe eines „Retters" und der Assistenz eines Nicht-Retters. Während die Hilfe eines „Retters" die Unfähigkeit der Person, die gerettet werden soll, verlangt, handelt es sich bei der Assistenz um eine „Hilfe zur Selbsthilfe". Beide Angebote haben etwa so viel gemeinsam wie Barbier und Bierbar.

Hilfe zur Hilflosigkeit

„Aber ich muss den Auszubildenden doch schonen!", reagieren vorwurfsvoll die Ausbilder, die sich als Über-Väter enttarnt haben. „Jemanden schonen heißt, jemanden entmündigen", schreibt der Unternehmensberater REINHARD K. SPRENGER. Und weiter heißt es in seinem Buch „Vertrauen führt": „Sie

Schonen heißt entmündigen

stellen sich über ihn, entscheiden für ihn, was zumutbar für ihn ist und was nicht. Sie verlassen die Ebene der Gleichberechtigung, der Mündigkeit. Sie machen ihn zum Kind. Es verletzt die Menschenwürde, wenn Sie einem Menschen die Fähigkeit, Verantwortung zu tragen, wegnehmen oder in entmündigender Weise mindern" (SPRENGER 2002, S. 116).

Problems are our friends

Bei dieser Art von „Hilfeleistung" handelt es sich nicht um ein Kavaliersdelikt, sondern um eine „professionelle Anleitung" zur beruflichen Inkompetenz. In jedem Problem steckt die Chance, durch das aktive Auseinandersetzen mit einer Situation ein Stück zu wachsen. Menschen lernen und entwickeln sich durch das Bewältigen von Schwierigkeiten. Das Probleme „für" den Menschen sind, kommt schon in der ersten Silbe zum Ausdruck: Es heißt berechtigterweise Problem und nicht Anti-blem. Im Arbeitsleben werden die Menschen ausschließlich für das Lösen von Problemen bezahlt. Und letztendlich ist die ganze Geschichte der Menschheit geprägt von solch einem Wachstumsdrang.

Probleme kommen zur richtigen Zeit

In einigen therapeutischen Verfahren wird davon ausgegangen, dass ein Problem immer zur richtigen Zeit kommt. Das heißt: Mit dem Auftreten des Problems verfügt der Rat Suchende über die inneren Ressourcen und Fähigkeiten, das Problem zu lösen. Die Botschaft des Problems lautet: Es ist an der Zeit, mal wieder ein Stück zu wachsen. Auszubildende, die „geschont" werden, werden definitiv um eine Lernchance und somit um einen Lernzuwachs geprellt. Genau genommen erweisen sich „schonende Ausbilder" als Diebe: Ihre persönliche Bereicherung erfolgt auf Kosten der Auszubildenden. Statt berufliche Handlungskompetenz zu fördern, erfolgt eine Anleitung zur Hilflosigkeit. In die Rubrik „Pleiten, Pech und Pannen" gehört beispielsweise die Empfehlung eines Ausbilders, bei der Abschlussprüfung durchzufallen, um der drohenden Nicht-Übernahme zu entfliehen. Das Ergebnis: Nesthocker statt Freigänger.

Konfliktscheue Ausbilder

Was also motiviert Ausbilder, in die Rolle des „Retters" zu schlüpfen? Die Ausbilder meinen es gut. Doch schon GOTTFRIED BENN wusste: „Das Gegenteil von gut ist gut gemeint." Die Dinge liegen aber noch vertrackter: „Denn in Wirklichkeit wollen Sie weniger den anderen schonen – Sie wollen vielmehr sich schonen. Weil Sie Liebesverlust fürchten"

(SPRENGER 2002, S. 116). Ausbilder, die in die Rolle des „Retters" flüchten, sind konfliktscheu. Das Risiko abgewiesen zu werden, ist ihnen zu hoch.

Der Psychoanalytiker WOLFGANG SCHMIDBAUER bezeichnet den ausgeprägten Hang zum Helfenwollen als „Helfer-Syndrom: „Die innere Situation des Menschen mit dem Helfer-Syndrom lässt sich in einem Bild beschreiben: ein verwahrlostes, hungriges Baby hinter einer prächtigen, starken Fassade" (1997, S. 18). Deshalb fürchten sie die Ablehnung wie der Teufel das Weihwasser. Sie haben Angst, dass der Auszubildende sie nicht mehr mag, wenn sie Forderungen stellen und sich mit ihm auseinandersetzen. Sie suchen nach Möglichkeiten, die wenig Ärger bereiten oder zu bereiten scheinen. Das Ergebnis: Ihren fehlenden Mut verkleiden sie als Fürsorglichkeit. Solche Ausbilder werden letztendlich zum Opfer dessen, was sie als Lösung ansehen. Denn was sie dabei übersehen, ist die Kraft, die das Ungesagte entfalten kann. Auszubildende, die das Gefühl haben, für inkompetent gehalten zu werden, reagieren in aller Regel verärgert, was das weitere Miteinander erschwert. Die Ausbilder erzeugen mit ihren Verhaltensweisen genau jene ablehnenden Reaktionen, vor denen sie sich fürchten.

Helfer-Syndrom

Neben der Kommunikation gibt es andere Möglichkeiten, das Unbehagen gegenüber dem Ausbilder zum Ausdruck zu bringen. Zum Beispiel erweist sich ein Ausbilder, der es als seine Aufgabe ansieht, die Probleme seiner Auszubildenden zu lösen, als der beste Mitarbeiter seiner Auszubildenden. Schließlich gönnen auch Auszubildende ihren Ausbildern das Gefühl, der beste Problemlöser von allen zu sein. Das hat zur Folge, dass Ausbildern, die ihre Energien für Auszubildende einsetzen, die keine Hilfe brauchen, die Energie für die Auszubildenden fehlt, die wirklich ihre Hilfe benötigen.

Letzten Endes liegt dem Helfenwollen ein egoistisches Motiv zugrunde: Es ist der späte Versuch, die tiefe kindliche Sehnsucht nach Zuwendung und Anerkennung zu kompensieren. Dieser Akt setzt allerdings die „Viktimisierung" (THOMAS GORDON) der zu rettenden Person voraus. Mit anderen Worten: Retter benötigen unfähige, ohnmächtige Opfer. Mit der Zuschreibung von Retter- und Opfer-Rolle erfolgt indirekt eine Aufwertung des Ausbilders durch eine Abwertung des

Egoistisches Motiv

Auszubildenden. „Gerade darin drückt sich das Helfer-Syndrom besonders deutlich aus, dass Schwäche und Hilflosigkeit, offenes Eingestehen emotionaler Probleme, nur bei anderen begrüßt und unterstützt werden, während demgegenüber das eigene Selbstbild von solchen ‚Flecken' um jeden Preis frei bleiben muss" (SCHMIDBAUER 1997, S. 16 f.). In Wahrheit benötigen solche Ausbilder dringend die Hilfe, die sie ihren Auszubildenden aufoktroyieren wollen.

Um jegliche Missverständnisse zu vermeiden: Es ist völlig okay und auch sicherlich wünschenswert, dass Ausbilder sich liebevoll und leidenschaftlich für junge Menschen engagieren. Allerdings grenzt es an Missbrauch, wenn sie versuchen, durch die Hintertür innere Defizite zulasten der Auszubildenden zu kompensieren. Es liegt auf der Hand, dass Auszubildende, die zu dieser „Kastration" nicht bereit sind, sich aus der Perspektive von Ausbildern, die nicht loslassen können, als undankbare Geschöpfe erweisen. Solche Ausbilder verstehen die Welt nicht mehr. Sie meinen es doch nur gut. Schließlich wollen sie nur ihr Bestes. Doch was bleibt dann für die Auszubildenden übrig, wenn die Ausbilder ihr Bestes besitzen? Insofern liegt es nahe, dass „undankbare Auszubildende", die gegen Über-Väter aufbegehren und sich weigern, in die Opfer-Rolle zu schlüpfen, berechtigterweise Konflikte auslösen. Vor diesem Hintergrund wird deutlich, warum es so wichtig ist, die Beziehungsarbeit auf der Basis von Mini-Verträgen zu gestalten: Echte Hilfe basiert auf Absprache.

> **Bitte denken Sie daran:**
>
> Ziel der Berufsausbildung ist es, innere Kräfte freizusetzen statt zu besetzen. Jeder Zuwachs an Eigenverantwortung ist für die Auszubildenden besser als bei jeder Kleinigkeit von ihrem Ausbilder abhängig zu sein. Ausbilder, die nicht loslassen können, entpuppen sich als „Azubi-Besetzer". Das Ergebnis: Nesthocker statt Freigänger.

Wer sich mit dem Thema „Helfer-Syndrom" intensiver beschäftigen möchte, findet dazu mehr theoretischen Hintergrund und viele Anregungen in „Hilflose Helfer" von Wolfgang Schmidbauer (1997).

Übung: Hinterfragen Sie Ihr eigenes „Spielverhalten"

Um das Wissen über psychologische Rollen und Spiele in der beruflichen (Ausbildungs-)Praxis umzusetzen, empfiehlt es sich, das eigene „Spielverhalten" zu hinterfragen:

1. Was passiert Ihnen immer und immer wieder? Haben bestimmte Kommunikationsmuster oder Gespräche mit immer der gleichen Leier Hochkonjunktur? (Wiederholungscharakter, Stereotypen)
2. Wie beginnt es? (Falle, wunder Punkt)
3. Welche Rolle nehmen Sie innerhalb des Drama-Dreiecks ein? In welcher Rolle ist Ihr Gesprächspartner?
4. Was geschieht dann? (Reaktion, Ablauf)
5. Wie hört es auf? (Switch, Wechsel)
6. Wie fühlen Sie sich am Schluss? (Endauszahlung)
7. Was denken Sie über sich, die anderen und die Welt?

Im Umgang mit Spielködern gibt es nur eine wirksame Strategie: Köder erkennen und liegen lassen. Das ist leichter gesagt als getan, da viele Ausbilder auf ihre speziellen Köder reflexartig reagieren. Diese speziellen Köder nimmt ein Auszubildender intuitiv wahr. Mit anderen Worten: Ein Köder muss, um zu greifen, auf Ihr Interesse stoßen. Der Auszubildende muss ihnen also ein „Leckerli" anbieten, was Sie anbeißen lässt. Dieser wunde Punkt kann zum Beispiel im Rollenverständnis liegen. Nach der Devise: „Ein guter Ausbilder hat immer Zeit für seine Auszubildenden."

Köder erkennen

▶ Wo fühlen Sie sich schnell angegriffen?

▶ Worauf müssen Sie „blitzschnell" reagieren?

▶ Welche Behauptungen oder Unterstellungen zwingen Sie förmlich dazu, in die Verteidigungsposition zu schlüpfen?

▶ Wo erleben Sie einen inneren Druck, der Sie zum Handeln „zwingt"?

Je besser Sie Ihre eigenen „Schwachstellen" kennen, desto leichter können Sie entscheiden, ob Sie das „Leckerli" aufgreifen oder liegen lassen.

4 Foulspiel in der Beziehungsarbeit

> Generell gilt im Umgang mit Spielködern folgender Leitsatz: „Beiß nicht gleich in jeden Apfel, denn er könnte sauer sein."

Neben den dargestellten Vorgehensweisen im Umgang mit Spielen gibt es zwei weitere Strategien:

1. Spielen Sie das Spiel bewusst mit, und zwar mit der Gewissheit, dass Sie bereits den Ausgang des Spiels erahnen.
2. Spielen Sie bewusst eine Alternative.

> **Bitte beachten Sie im Umgang mit Spielen folgenden Grundsatz:**
>
> Konfrontieren Sie den anderen erst mit seinem Spiel, wenn Sie wissen, wie dieser sich positiv in Beziehung setzen kann. Dies setzt voraus, dass Sie dessen Ressourcen kennen.
>
> **Was Ihre Interventionen betrifft, lautet die Schlüsselfrage:**
>
> Ist das, was Sie als Nächstes sagen und/oder tun werden, problemlösend beziehungsweise aufgaben- und zielorientiert? Wenn dies nicht der Fall ist, unterlassen Sie Ihre Intervention.

4.3 Lieblingsspiele im (Ausbildungs-)Alltag

Neben den dargestellten „Ich-bin-dumm-" und „Ja-aber-Spielen" werden Sie die folgenden zwei Beispiele ebenfalls inspirieren, typische Spiele im (Ausbildungs-)Alltag wahrzunehmen.

Fallbeispiel: Das „Gerichtssaal-Spiel"

Angenommen, Sie bilden zwei junge Menschen zu Dekorateuren aus, deren Auftrag es ist, ein Schaufenster zu gestalten. Über das Anordnen der einzelnen Produkte geraten die beiden in Streit und kommen erregt zu Ihnen. Sie sollen nun entscheiden, welche Platzierung die richtige ist. Bereits beim Vortragen der Angelegenheit gewinnen Sie den Eindruck, dass es weniger um eine sachliche Diskussion geht, sondern dass jeder seine Ideen mit aller Gewalt durchsetzen will. Genau genommen klagen sich zwei Auszubildende gegenseitig an und erwarten von Ihnen, dass Sie in die Rolle des Richters schlüpfen und Recht sprechen. Am Ende dieses sehr beliebten Spiels gibt es oftmals einen Gewinner und einen Verlierer, der im Regelfall auf Rache sinnt. Das nächste „Gerichts-Drama" ist vorprogrammiert. Wie können Sie in solchen Situationen re-agieren?

Als Ausbilder wissen Sie aufgrund Ihrer Erfahrungen häufig sehr schnell, was die richtige oder falsche Vorgehensweise ist. Hüten Sie sich jedoch davor, in die Rolle des Richters zu schlüpfen. Halten Sie sich als Fachmann eisern zurück; lassen Sie nicht erkennen, was Sie für richtig oder falsch halten. Nehmen Sie stattdessen die Rolle des Moderators oder Beraters an, indem Sie die Auszubildenden auffordern, das Für und Wider der einzelnen „Produktpräsentationen" aufzulisten und sachlich abzuwägen. Fördern Sie den direkten Dialog zwischen den beiden Kontrahenten und lassen Sie am Ende des Gespräches von beiden eine Vereinbarung formulieren, die beide gleichermaßen akzeptieren. **Rolle des Moderators**

Alternativ zum nachfolgend dargestellten Moderationsverfahren (Exkurs) lautet die kürzeste Intervention, um die Richter-Rolle abzulehnen: „Macht das unter euch aus!" Wo kein Richter ist, wird Rechthaben unwichtig. **Macht das unter euch aus!**

Bitte denken Sie daran: Wann immer Sie in die Richter-Rolle schlüpfen, haben Sie ein Problem gelöst und zwei geschaffen. Also ist die Richter-Rolle zu vermeiden. Lösen Sie nicht. Lassen Sie lösen. Schließlich wollen die Auszubildenden was lernen.

Abschließend noch ein Hinweis zum Thema „Beurteilen": Schon in dem Begriff „Be-urteil-en" kommt zum Ausdruck, dass Beurteilungsgespräche für Gerichtssaal-Spiele anfällig sind. Achten Sie deshalb darauf, dass Sie in der Rolle des Feedback-Gebers bleiben. Eine Rückmeldung basiert auf subjektivem Erleben. Mit Ihrem Feedback bringen Sie zum Ausdruck: „So erlebe ich dich." Diese Mitteilung gipfelt nicht in der Forderung: „Du sollst dich ändern." Ganz im Gegen- **Feedback-Gespräch** teil: Ihr Feedback kommt idealerweise aus dem Kontext des „Dienens". Dieser Gewinn an mehr Bewusstheit eröffnet dem Auszubildenden die Option, anders zu denken und zu handeln. Allerdings liegt es in seinem Ermessen, ob und wie er dieses Wissen für seinen weiteren beruflichen Weg nutzt. Bei entsprechender Gestaltung entpuppt sich ein Beurteilungsgespräch als „Motivationsakku".

Exkurs: Moderation – Schlichtung von Konflikten

In die Rolle des Moderators zu schlüpfen, ist leichter gesagt als getan. Deshalb erhalten Sie in Anlehnung an DEHNER (2001) eine Strategie, die Sie situativ einsetzen können.

1. Würdigen Sie das bisherige Verhalten Ihrer Azubis

Ihre erste Intervention dient dazu, die Anstrengungen Ihrer Auszubildenden anzuerkennen: „Verstehe ich Sie richtig, dass Sie versucht haben, sich über das Anordnen der einzelnen Produkte im Schaufenster zu einigen und bis jetzt keine gemeinsame Lösung gefunden haben?" Warum ist es so wichtig, die Anstrengungen zu honorieren? Wenn mit den ersten Transaktionen die Auszubildenden und die bisherigen Versuche genügend Wertschätzung erfahren, sind sie auch bereit, sich auf Neues einzulassen.

2. Outen Sie sich als Moderator

Der Ruf nach einem Dritten ersetzt nicht das Bemühen, die eigenen Probleme selbst zu lösen. Signalisieren Sie deshalb gleich zu Beginn des Gespräches, dass Sie Ihre Rolle nicht so verstehen, dass Sie eine Lösung präsentieren. Machen Sie deutlich, dass Sie eher daran denken, die Entscheidungsfindung im Sinne eines Lernprozesses mit Hilfe von Gesprächsregeln zu moderieren. Das Ankündigen von Gesprächsregeln ist deshalb so wichtig, weil ein Moderator den Prozess der Problemlösung nur mit Hilfe von Regeln steuern kann. Folgende Regeln haben sich in der Praxis bewährt:

▶ Jeder lässt den anderen ausreden und hört zu.
▶ Nur konstruktive Beiträge sind erwünscht.
▶ Jeder wiederholt die Position des anderen, bevor er dazu Stellung nimmt.

3. Vereinbaren Sie einen Mini-Vertrag

Starten Sie mit Ihrer Moderation erst, nachdem beide Auszubildende erklärt haben, dass sie Ihre Rolle als Moderator akzeptieren. Denn wenn einer der beiden Kontrahenten nicht mitmacht, drängt er Sie wieder in die Richter-Rolle.

4. Klären Sie, wer mit der Problemschilderung beginnt

Wenn Sie bestimmen, wer beginnt, besteht die Gefahr, dass Sie aus Sicht des anderen Auszubildenden nicht als neutral erlebt werden. Um diesen Fauxpas zu vermeiden, fragen Sie Ihre Auszubildenden: Wer beginnt mit der Darstellung des Problems? Wenn sich die Kontrahenten nicht einigen können, werfen Sie eine Münze.

5. Azubi A stellt das Problem vor

Während der Auszubildende A das Problem vorstellt, kann es passieren, dass B ihn (mehrmals) aus Angst, dass Sie als Moderator A frühzeitig Glauben schenken, unterbricht. Diese Unterbrechungen können Sie nicht dadurch reduzieren, indem Sie immer wieder auf das Einhalten der vereinbarten Gesprächsregeln bestehen. Diese Befürchtungen können Sie nur dadurch zerstreuen, indem Sie dem Azubi Verständnis für seine Unterbrechung signalisieren und zusichern, dass er den gleichen Raum wie A, um seine Sicht der Dinge darzustellen, bekommt.

6. Erzeugen Sie einen Verhandlungsspielraum

Nachdem Azubi A seine Sichtweise geschildert hat, fragen Sie ihn: „Wie könnte eine konstruktive Lösung aus Ihrer Perspektive aussehen?" In der Regel wird der Befragte zunächst auf seiner Position beharren. Bleiben Sie hartnäckig. Machen Sie deutlich, dass es darum geht, eine gemeinsame Lösung zu finden. Fragen Sie erneut: „Wie könnte eine konstruktive Lösung aus Ihrer Perspektive aussehen?" Früher oder später fängt der Auszubildende an, zum ersten Mal konstruktiv über das Problem nachzudenken. In dem Moment, wo er einen Lösungsansatz präsentiert, gibt es einen Verhandlungsspielraum, worüber die Beteiligten reden können.

7. Azubi B stellt das Problem dar

Theoretisch könnten Sie auch Azubi B unmittelbar nach der Schilderung von Azubi A auffordern, seine Sichtweise darzustellen. Allerdings würde sich diese Alternative als ein Rückfall ins Gerichtssaal-Spiel entpuppen: Die Auszubildenden werden nacheinander in den Zeugenstand gerufen. Das konterkariert die gemeinsame Suche nach einer Lösung. Erst nachdem ein Verhandlungsspielraum existiert, macht es Sinn, dass Azubi B seine Sichtweise des Problems schildert.

8. Suchen Sie gemeinsam nach einer Lösung

Am Ende seiner Ausführungen fragen Sie ebenfalls nach einem konstruktiven Lösungsvorschlag. Lassen Sie Azubi B zum Lösungsvorschlag von A Position beziehen. Damit ist die Suche nach einer gemeinsamen Lösung eröffnet. Vorschläge und Gegenvorschläge werden gemacht. Fassen Sie als Moderator ab und zu den Stand der Dinge zusammen. Nach dem Motto: „Also, bisher könnte eine Lösung ... aussehen." Halten Sie am Ende Ihrer Moderation das Ergebnis fest. Fragen Sie dazu Ihre Auszubildenden: „Wie werden Sie jetzt gemeinsam das Schaufenster dekorieren?"

9. Holen Sie sich Ihr eigenes Feedback

Wenn Sie als Moderator an einem Feedback interessiert sind, fragen Sie Ihre Auszubildenden: „Wie haben Sie meine Moderation erlebt?" Das erfordert zwar ein bisschen Mut, aber ohne Feedback können Sie sich nicht weiterentwickeln.

Fallbeispiel: Das „Tritt-mich-Spiel"

Stellen Sie sich vor, Sie bilden einen jungen Menschen zum Handelsfachpacker aus. Einerseits sind Sie mit seinem bisherigen Ausbildungsverlauf sehr zufrieden. Andererseits bemerken Sie, dass ihm immer wieder läppische Fehler unterlaufen, die ihm eigentlich nicht passieren dürften. Zum Beispiel sortiert er Waren falsch ein, teilt Ihnen Mindestbestände nicht mit und vertauscht Kommissionen, was Sie jedes Mal sehr ärgert und zu einer ernsthaften Auseinandersetzung führt. Dennoch wiederholt sich diese Situation in gewissen Abständen mit „schöner Regelmäßigkeit".

Lieblingsspiele im (Ausbildungs-)Alltag 4.3

Der Nutzeffekt dieser Spielvariante besteht in der Zurückweisung. Der Auszubildende bekommt – psychologisch gesehen – einen „Tritt" verpasst. Dieses Spiel ist weit verbreitet, weil „Tritt-mich-Spieler" mit positiver Zuneigung nur wenig anfangen können. Tritt-mich-Spieler wurden in der Kindheit selten bis nie gelobt. Deshalb organisieren sie unbewusst Situationen, in denen sie ihre bekannte negative Zuwendung erhalten. Ein Tritt-mich-Spieler spielt nicht aus Boshaftigkeit oder um das Unternehmen zu ruinieren, sondern um sich „Streicheleinheiten" zu organisieren.

„Tritt" als Streicheleinheit

Wie oft will beispielsweise ein Auszubildender dringend seinen Ausbilder sprechen, obwohl dieser gerade beschäftigt ist. Das Ergebnis: Der Auszubildende wird abgewiesen; er fühlt sich enttäuscht. Er wird kaum bemerken, dass er ein „Tritt-mich-Spiel" angefangen hat, indem er die Situation missachtet hat.

Der Umgang mit „Tritt-mich-Spielern" kann anstrengend und über weite Strecken frustrierend sein, weil sie letztendlich am längeren Hebel sitzen.

Analysieren Sie zunächst, ob Sie gute Arbeit anerkennen oder diese als selbstverständlich registrieren. Der erste Ansatzpunkt besteht darin, dem „Tritt-mich-Spieler" behutsam positive Zuwendung zu geben, auch wenn Sie den Eindruck gewinnen, dass er Ihnen gar nicht zuhört. Dazu verknüpfen Sie eine negative (= Ohr-Öffner) mit einer positiven Aussage. Eine andere Möglichkeit ist, dass Sie ihn beim Feststellen des nächsten Fehlers ruhig und sachlich fragen: „Was erwarten Sie jetzt von mir? Ist es Ihr Ziel, von mir bestraft zu werden?" Diese oder andere W-Fragen stimulieren sein Erwachsenen-Ich. Die Chancen sind recht gut, dass er dieses Spiel aufgibt oder zumindest reduziert.

W-Fragen helfen

Eine generell geeignete Intervention im Umgang mit Spielen besteht fast immer darin, Metakommunikation aus dem Erwachsenen-Ich-Zustand zu betreiben, indem Sie Ihre eigene Wahrnehmung über den Ablauf der Situation und die Wirkung auf Ihre eigene Person mitteilen.

Metakommunikation

Abschließend sei noch darauf hingewiesen, dass völlige Spielfreiheit eine Illusion ist. Schließlich bringen Spiele eine ge-

Spielfreiheit ist eine Illusion

wisse Spannung in unser Leben, auf die zu verzichten sehr schwer fällt. Dennoch ist es ein sinnvolles Ziel, Spiele bewusst wahrzunehmen und deren Verlauf bewusst mitzugestalten. Wie der Sohn, der nachts um vier Uhr nach Hause kommt und vom Vater gefragt wird: „Muss ich mich wieder ärgern?" – „Nein, von mir aus kannst du jetzt ins Bett gehen." In diesem Sinne viel Spaß beim Spielen.

Wer sich mit dem Thema „Spiele" intensiver beschäftigen möchte, findet dazu mehr theoretischen Hintergrund und viele praktische Anregungen in „Die alltäglichen Spielchen im Büro" (Frankfurt/New York 2001) von ULRICH DEHNER.

5 Kreative Interventionen in Beziehungskrisen

Konflikte: Jeder hat sie, niemand will sie. Woran denken Sie, wenn Sie das Wort „Konflikt" hören? An „Streit", „Stress", „offene Wunden". Oder gar: „Da fließt Blut." Haben Konflikte auch einen brauchbaren Anteil? In der Tat: Generell verhindern Konflikte Stagnation und fördern (innovative) Entwicklungen. Insofern sollte das Fehlen von Konflikten ein Alarmsignal sein. Denn dann sind Ihre Auszubildenden nicht mehr mit Herzblut bei der Sache. Ihnen ist „alles egal". Deshalb reiben sie sich nicht aneinander. Folglich findet keine Veränderung statt.

Konflikte sind Lernprozesse, die sich zwischen den Polen Verändern und Beharren abspielen. Insofern wäre es sicherlich illusorisch davon auszugehen, dass Beziehungsarbeit ohne Krisen ablaufen könnte. Das liegt daran, dass aus der Verschiedenheit der Menschen unterschiedliche Bedürfnisse entspringen. Ausbildung und Zusammenarbeit ohne Krisen ist wie Selbstbestimmung ohne Selbstverantwortung. Überall kommt es zu Beziehungskrisen. Das ist (Ausbildungs-)Alltag. Manche laufen still, manche laut. Und manche enden mit dem großen Knall! „Solche Krisen können die Geburtswehen neuer Möglichkeiten sein", schreibt die „Mutter" der Familientherapie, VIRGINIA SATIR. Die Freiheit in der Beziehungsarbeit liegt nicht darin, ob Sie Krisen wollen oder nicht, sondern wie Sie auf Krisen reagieren.

Konflikte als Lernprozesse

Konflikte sich selbst zu überlassen nach der Augen-zu-und-durch-Devise, bedeutet, ein „Leck im Schiff" zu ignorieren. Ähnlich, wie sich das Schiff unweigerlich mit Wasser füllt, führen ungelöste Konflikte in Ausbildungsabteilungen zu Verlusten von Motivation, Produktivität und letztlich zu Umsatzeinbußen. Andererseits können Konflikte nicht gelöst werden, wenn die Andersartigkeit der Anderen nicht akzeptiert wird. Es ist sinnlos, die eigenen Interpretationen den Anderen aufzwingen zu wollen. Gerade wenn eine langfristige Ausbildungsbeziehung auf dem Spiel steht, gilt es Konflikte auszutragen, sodass die Verbindung auf Dauer keinen Schaden nimmt. Das setzt voraus, dass Sie Konflikte nicht zudecken, sondern aufdecken.

Konflikte zeigen dem Ausbildungspersonal punktgenau einen aktuellen Entwicklungsbedarf auf. Professionell gelöst, führen sie zu einer wesentlich erhöhten Motivation, effektiveren Abläufen und steigendem Erfolg. Kreative Wege, wie Sie Beziehungskrisen in der Ausbildung meistern können, ohne daran „kaputt" zugehen, können Sie in diesem Kapitel entdecken.

5.1 Symbiose: Wege aus der „Rockzipfel-Beziehung"

Fallbeispiel: Der passive Azubi

Ausbilder Meier schüttelt verzweifelt den Kopf. Wieder ist ein Tag vorbei, an dem es ihm nicht gelungen ist, seinen Auszubildenden zu motivieren. Er weiß nicht mehr weiter: Alle Versuche, seinen Auszubildenden für die Arbeit zu begeistern, schlagen fehl. Jeden Abend denkt er darüber nach, wie er es doch noch schaffen könnte, seinen Auszubildenden am nächsten Tag zu motivieren. Derweil sitzt dieser fröhlich im Biergarten und genießt das „süße Leben".

Ein klassisches Beispiel von symbiotischer Beziehung innerhalb eines Ausbildungsbetriebes tritt auf, wenn Ausbilder meinen, für die Motivierung ihrer Auszubildenden verantwortlich zu sein. Solche Personen gehen davon aus, für alles allein verantwortlich zu sein. Sie glauben, die Schuld zu tragen für alles, was schief läuft, und sie sind allein verantwortlich für das Lösen von Problemen in ihrer Ausbildungsabteilung. In Extremfällen gehen sie sogar davon aus, für die Gefühle ihrer Auszubildenden, für deren Fähigkeiten und Tüchtigkeit am Ausbildungsplatz verantwortlich zu sein. Als Außenstehender kann man den Eindruck gewinnen, dass sie an die unbefriedigenden Seiten der Auszubildenden gekettet sind wie Sklaven an die Ruderbank einer Galeere. Paradoxerweise ist es dieser Glaube, aus denen sich symbiotische Beziehungen entwickeln.

Bei symbiotischen Beziehungen handelt es sich um ein „Zusammenleben" von Lebewesen verschiedener Art zu gegenseitigem Nutzen. Ein Beispiel aus der Tierwelt ist das Zusammenleben von Nilpferd und Madenhacker: Der Madenhacker nutzt den Rücken des Nilpferdes als Futterlieferant, das Nilpferd ist dankbar, das es von Maden und Zecken befreit wird. Symbiosen gibt es auch zwischen Menschen in Form von gegenseitiger Abhängigkeit: Einer Zeitungsmeldung vom 03. März 2000 war zu entnehmen, dass Ex-Beatle Paul McCartney keine Kraft mehr zum Weiterleben hatte, nachdem seine Frau Linda im Jahr 1998 gestorben war. „Ich dachte, ich würde den Jahreswechsel nicht mehr erleben, so unerträglich war es", sagte McCartney der britischen Zeitung „Independent". Es sei ein Schock, mit einem geliebten Menschen auch ein Stück von sich selbst zu verlieren. Paul und Linda waren 29 Jahre lang verheiratet.

Weitere Symbiosebeispiele

Ein Beispiel für eine vertraute Symbiose stammt aus der Kindheit: Wenn Kinder noch nicht in der Lage sind, für sich selbstständig zu denken und verantwortlich zu sein, da die dafür erforderlichen Ich-Zustände noch nicht entwickelt sind, benötigen sie in aller Regel die Unterstützung durch ihre Eltern. Sie stellen ihr Erwachsenen- und Eltern-Ich so weit zur Verfügung, wie es unter Berücksichtigung des individuellen Entwicklungsstandes erforderlich ist. Im Idealfall nehmen sich die Eltern im Verlauf des Entwicklungsprozesses allmählich aus dieser anfangs notwendigen Symbiose zurück, damit das Kind mit dem Erwachsenenwerden kontinuierlich eine Selbstständigkeit entwickeln kann. Gleichzeitig erhält das Kind in den einzelnen Entwicklungsphasen noch die elterliche Unterstützung in den Bereichen, wo es sie noch braucht. Am Ende dieser notwendigen Loslösung steht auf beiden Seiten die volle Verantwortung für das eigene Denken, Fühlen und Handeln.

Haben Sie einmal beobachtet oder vielleicht selbst erlebt, wie ein Vater seinem Sohn das Radfahren beibringt? Es kommt der Moment, wo er das Fahrrad – das er anfänglich aus Sicherheitsgründen begleitet und in seiner Balance gestützt hat – loslässt und der Junge alleine weiterfährt. Würde der Vater diesen Augenblick versäumen, würde sein Sohn als Erwachsener immer noch mit Stützrädern durch die Gegend gurken.

Loslassen können
Eine ähnliche Aufgabe hat ein Ausbilder zu meistern: Im Verlauf des Ausbildungsprozesses wird er zunehmend die Verantwortung an die Auszubildenden delegieren, ohne dabei die Unterstützung in den Bereichen, in denen es noch erforderlich ist, zu vernachlässigen. VIRGINIA SATIR formuliert es so: „Zu wenig Hilfe ist Diebstahl, zu viel Hilfe ist Mord." Wer seine Auszubildenden und ihre Probleme peu á peu loslässt, hat die Hände frei für Neues.

Gesunde und ungesunde Symbiose

Gesunde Symbiose
In der Transaktionsanalyse wird zwischen einer gesunden und einer ungesunden Symbiose unterschieden: „Die gesunde Symbiose ist so definiert, dass ein Kind die Fähigkeiten, die es noch nicht entwickelt hat, von den Bezugspersonen zur Verfügung gestellt bekommt. (…) Wichtig bei der gesunden Symbiose ist, dass sie bewusst eingegangen wird. Jemand bittet um Hilfe, wenn er etwas nicht kann. (…)

Ungesunde Symbiose
In der ungesunden Symbiose (…) leben zwei Menschen so miteinander, als wären sie nur eine Person. Das bedeutet, dass sie Anteile von sich selbst ausblenden und auch Anteile des anderen abwerten. (…) Da eine ungesunde symbiotische Beziehung von Abwertungen auf beiden Seiten bestimmt wird, ist sie für ein gesundes Wachstum hinderlich" (HENNIG/PELZ 1999, 349 f.).

Fortsetzung Fallbeispiel:

> **Quizfrage:** Um welche Art von Symbiose handelt es sich bei dem eingangs geschilderten Fall?

Bingo! Es ist eindeutig eine ungesunde Symbiose. Während der Ausbilder das unbewusste Bedürfnis hat, seinen Auszubildenden elternhaft zu behandeln, hat der Auszubildende das unbewusste Bedürfnis, sich elternhaft behandeln zu lassen. Der Ausbilder übernimmt das Denken und kümmert sich fürsorglich und/oder kritisch um den Auszubildenden, während sich der Auszubildende entweder fügsam oder rebellisch verhält. Sowohl der Ausbilder als auch der Auszubildende werten in dieser „Rockzipfel-Beziehung" auf Kosten der eigenen Entwicklung und Autonomie eigene Fähigkeiten und Ressourcen des Gegenübers ab.

Der Ausbilder, der selbst noch abends darüber nachdenkt, wie er seinen Auszubildenden motivieren könnte, wertet sein Kind-Ich ab. Angenommen, er gestattet sich, das Potenzial seines Kind-Ichs zu nutzen, wird er spüren, dass er den Umgang mit dem Auszubildenden als sehr unbefriedigend erlebt. Er spürt, dass er als Einziger arbeitet und dass ihm das gar nicht gefällt. Wenn er diese Wahrnehmung aus seinem Kind-Ich nutzt, ist er wahrscheinlich imstande, mit der Situation kreativer umzugehen. Aber in dem geschilderten Fall hat der Ausbilder das Gefühl des Unbehagens, das er in seinem Kind-Ich hätte spüren können, ausgeblendet. Gleichzeitig spricht der Ausbilder dem Auszubildenden die Fähigkeit ab, sich selbst zu motivieren. Hinter dieser Abwertung steckt die Grundeinstellung: „So wie Sie sind, sind Sie nicht in Ordnung!"

Azubi am Rockzipfel des Ausbilders

Der Auszubildende, der seinen kindlichen Motiven freien Lauf lässt, fordert in unangemessener Weise eine Versorgung aus dem fürsorglichen Eltern- und dem Erwachsenen-Ich des Ausbilders und wertet somit seinen eigenen Erwachsenen- und Eltern-Ich-Zustand ab. Hinter dieser Haltung steckt die Grundeinstellung: „Ich bin nicht okay, die anderen sind okay!"

Sobald in einer „Zweierbeziehung" das Abwerten von Ich-Zuständen dazugehört, handelt es sich um eine ungesunde Symbiose. Daran können Sie den Unterschied zwischen einer gesunden und ungesunden Beziehung erkennen.

Es leuchtet ein, dass solche „Rockzipfel-Beziehungen" auf Dauer ungesund sind. „Kein Mensch kann einen anderen über längere Zeit auf dem eigenen Rücken durchs (Arbeits-) Leben tragen, ohne dass beide zu Krüppeln werden" (SATIR 1999, S. 210). Mit anderen Worten: Irgendwann hat der Ausbilder sein „Pulver verschossen" und ist frustriert, weil er feststellen muss, dass er es (wieder einmal) nicht geschafft hat, seinen Auszubildenden aus seinem „Motivationsloch zu retten". Diese Frustration schlägt häufig in Aggression um, indem der Ausbilder vom „Retter" in die „Verfolger-Rolle" schlüpft. Von der ursprünglichen „Sanftmut einer Klosterfrau" ist nichts mehr zu spüren. Letztendlich wird das „Spiel" fortgesetzt, allerdings unter anderen Vorzeichen.

> **Bitte denken Sie daran:**
> Eine ungesunde Symbiose geht immer in die Hose.

Angenommen, Sie erleben sich als „Teil" einer ungesunden Symbiose. Wie können Sie aus dieser „Rockzipfelbeziehung" aussteigen?

Passivität Der Umgang mit Passivität erfordert beides: das Tun und das Nicht-Tun. Das oben genannte Beispiel macht sehr deutlich, dass die Lösung des Problems nicht darin liegt, noch ausgefeiltere Motivationsstrategien zu entwickeln, sondern dass erst das Umdenken ein kreatives Handeln ermöglicht. Genau genommen hat in dem dargestellten Beispiel der Auszubildende irgendwann einmal eine Einladung zur Symbiose dadurch ausgedrückt, indem er sich passiv verhalten hat. Erinnern Sie sich? Mit Passivität wird in der Transaktionsanalyse jedes Denken, Fühlen und Handeln bezeichnet, das nicht aufgaben- oder problemlösungsorientiert ist. Mit passivem Verhalten wollen die Praktizierenden andere dazu bringen, ihre Probleme zu lösen. Wer sich darauf einlässt, indem er in die Rolle des Retters schlüpft, streichelt den Betreffenden in seiner Passivität und fördert dessen „Opfer-Dasein". Deshalb ist es wichtig, wenn es darum geht, die Autonomie des Auszubildenden zu fördern, die Verantwortung da zu lassen, wo sie hingehört: beim Auszubildenden. Er besitzt das Problem, nicht der Ausbilder. Nehmen Sie Ihrem Azubi nicht das ab, was er bereits selbst tun kann. Ermutigen und ermuntern Sie ihn frühzeitig zur Selbsttätigkeit und Selbstständigkeit. Wer es den Auszubildenden zu leicht macht, macht ihnen das ganze spätere Leben schwer.

Tipps: So gehen Sie mit Passivität um

Im Umgang mit Passivität gibt es drei Strategien:

1. Die Fünfzig-Fünfzig-Regel
2. Das Prinzip „Schweigen"
3. Das Weggehen

Die Fünfzig-Fünfzig-Regel

Diese Regel lässt sich generell auf den Ausbildungsprozess anwenden. Sie besagt, dass mindestens 50 Prozent der Aktivität beim Auszubildenden liegen sollten. Das kann in den einzelnen Ausbildungssituationen variieren. Zum Beispiel in Unterweisungsprozessen kann die Aktivität zu 80 Prozent beim Ausbilder liegen. Insgesamt betrachtet ist es wichtig, auf das Einhalten der Fünfzig-Fünfzig-Regel zu achten. Das Einhalten dieser Regel gewährleistet eine ausgewogene Balance in der Beziehungsarbeit zwischen den Beteiligten. Wenn ein Auszubildender mit seinem (Lern-)Problem zu Ihnen kommt, erleichtert von dannen schreitet und Sie sich anschließend schlaflos im Bett wälzen, haben Sie sich mit Sicherheit mehr als 50 Prozent der Verantwortung aufhalsen lassen. Fragen Sie sich in solchen Fällen: Um wessen Problem geht es hier eigentlich? Wer sollte wie viel Energie zu dessen Lösung aufwenden?

50:50

Aktivität und Passivität stehen miteinander in Wechselbeziehung. Sie sind in ihrer Beziehung gegensätzlich, aber voneinander abhängig, weil sie sich gegenseitig ergänzen. Wo beispielsweise ein Förderunterricht den anderen jagt, lautet die Botschaft: „Mach dir keine Gedanken, wir sorgen dafür, dass du es schaffst." Das alte Familienspiel „Der Papa wird's schon richten" wird mit neuer Besetzung fortgesetzt. Wer als Ausbilder die Aktivität „pachtet", fördert auf der anderen Seite passives Verhalten (s. Abbildung 8). Das eine bedingt das andere.

Das Gesetz der doppelten Qualifizierung besagt, dass bei zunehmender Motivierung durch den Ausbilder parallel die Motivation des Auszubildenden abnimmt. Der Autor REINHARD K. SPRENGER verwendet in deutlicher Trennung von der

Gesetz der doppelten Qualifizierung

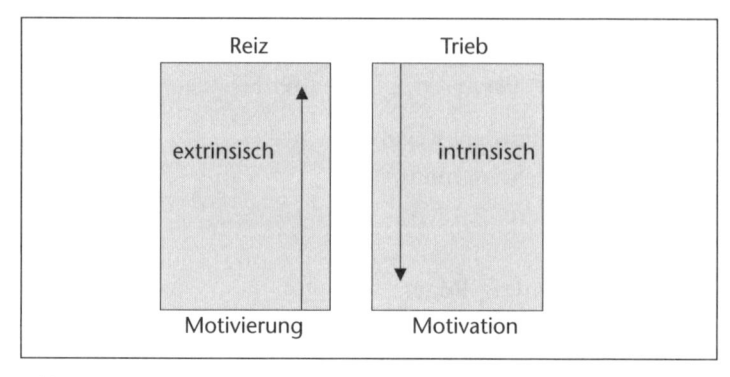

Reiz	Trieb
extrinsisch ↑	intrinsisch ↓
Motivierung	Motivation

Abb. 8: Das Gesetz der doppelten Qualifizierung (nach R. K. SPRENGER)

(Selbst-)Motivation für den Versuch der Fremdsteuerung den Begriff der Motivierung: „Die Arbeit ist nicht in sich selbst belohnend, sondern wird von außen und/oder danach belohnt" (SPRENGER 1999, S. 16). In der Literatur steht dafür oft der Begriff der „extrinsischen Motivation". Bei dieser Vorgehensweise entpuppen sich die Ausbilder selbst als Teil des Motivationsproblems. Lapidar gesagt: Motivierung ist jene Störung, für deren Lösung sie sich hält.

Das Prinzip Schweigen

Um die Fünfzig-Fünfzig-Regel einzuhalten, ist es manchmal sinnvoll, „maulfaule" Auszubildende zum Kommunizieren dadurch zu aktivieren, indem Sie selbst schweigen. Mit anderen Worten: Verlagern Sie die Aktivität von sich auf den Auszubildenden.

Fallbeispiel: Der „maulfaule" Azubi

In einem betriebsinternen Unterricht für angehende Groß- und Außenhandelskaufleute stellt der Ausbilder mit Hilfe von einigen Folien die Aufbauorganisation und Entscheidungsstrukturen des Ausbildungsunternehmens dar. Im Anschluss stellt er den Auszubildenden einige Übungsaufgaben. Nach einer gewissen Bearbeitungszeit wendet er sich an einen der Auszubildenden und fragt: „Herr Meier, wie würden Sie vorgehen, um einen Verbesserungsvorschlag einzureichen. Bitte zeigen Sie uns die einzelnen Schritte, die dazu notwendig sind." Nach dieser Intervention reagiert der Auszubildende zunächst, indem er schweigend und bewegungslos dasitzt. Nach einer gewissen Zeit fängt er an, mit den Füßen auf- und abzuwippen und sich mit der Hand am Kopf zu kratzen. Das Schweigen hält an. Mittlerweile fangen auch andere Auszubildende an, unruhig zu werden.

Wie würden Sie in dieser Situation reagieren? Wenn Sie nach einer weiteren Schweigephase die Lösung selbst präsentieren, haben Sie mit dem Auszubildenden eine Symbiose vollzogen. Warum? Der Auszubildende signalisiert durch sein kindliches Verhalten, dass er seine Fähigkeit, durch Nachdenken zu einer Lösung zu kommen, abwertet. Dieses Verhalten stimuliert gleichzeitig beim Ausbilder die Erwachsenen- und Eltern-Ich-Zustände. Wenn Sie also dieser Einladung folgen, verleugnen Sie einerseits Ihr eigenes Kind-Ich, das keinen „Bock" darauf hat, die Arbeit für andere zu erledigen. Andererseits werten Sie den Auszubildenden ab, weil Sie annehmen, dass dieser auch durch weiteres Nachdenken keine Lösung entdecken wird.

Anstatt den Sachverhalt selbst zu präsentieren, kündigen Sie Ihr Schweigen an, indem Sie beispielsweise sagen: „Okay, ich merke, Sie brauchen noch ein wenig Zeit zum Nachdenken. Gehen Sie noch einmal Ihre Aufzeichnungen unter Berücksichtigung der Fragestellung durch. Sie haben zehn Minuten Zeit." Sollte der Auszubildende nach wie vor die Antwort nicht kennen, können Sie die Frage als „Hausaufgabe" erteilen. Sie können das Schweigen auch thematisieren; fragen Sie den Auszubildenden: „Was bedeutet Ihr Schweigen?"

Um jegliche Missverständnisse zu vermeiden: Selbstverständlich gibt es immer wieder Situationen, in denen Auszubildende bestimmte Aufgaben nicht lösen können und dies sehr erwachsenengerecht zu erkennen geben, indem sie beispielsweise sagen: „Die Aufgabe habe ich noch nicht bearbeitet, insofern kann ich Ihnen noch keine Lösung nennen." Oder: „Es ist mir noch nicht gelungen, die Aufgabe zu lösen. Mir fehlen folgende Informationen: ..." In solchen Situationen liegt es nahe, dass der Ausbilder den Auszubildenden unterstützt.

> Um den Unterschied zwischen einer gesunden und ungesunden Symbiose zu erkennen, stellen Sie sich die Schlüsselfrage: Ist das Denken, Fühlen und Handeln des Auszubildenden aufgaben- und problemlösungsorientiert?

Tipps: Wie Sie ein ausführliches Feedback erhalten

Eine der häufigsten Fragen in Seminaren für Ausbilder lautet: Wie kann ich meinen Auszubildenden bewegen, mir zum Ende des Ausbildungsprozesses ein ausführliches Feedback zu geben? Die Antwort auf diese Frage fällt für viele Teilnehmerinnen und Teilnehmer überraschend einfach aus: „Schweigen Sie, nachdem Sie in einer vertraulichen Atmosphäre offene, sachliche Fragen gestellt haben."

Fehler in der Gesprächsführung

Die Fehler in der Gesprächsführung liegen manchmal darin, dass Ausbilder entweder geschlossene Fragen stellen, auf denen die Auszubildenden nur mit „Ja" oder „Nein" zu antworten brauchen. Oder dass Ausbilder zwar offene Fragen stellen, aber danach vergessen zu schweigen. Eine zweite Variante besteht darin, dass sie zwar anfangs schweigen, aber sobald die Gesprächspause – subjektiv wahrgenommen – lang und länger wird und schließlich in ein peinliches Schweigen mündet, werden sie wieder aktiv. Dadurch wird die Bedeutung des Schweigens nicht gewürdigt. In dem Buch „Die Rivalen" – ein Business-Roman über Führung und Management – sagt die Hauptfigur sehr treffend: „Viele Führungskräfte können meiner Erfahrung nach Schweigen nicht aushalten; sie meinen, sie müssten jede Pause zu quasseln, was der Qualität der Gespräche nicht zugute kommt" (NAGEL 2001, S. 194).

Reden ist Silber, Schweigen ist Gold

Dabei liegt es auf der Hand, dass qualitative Antworten Zeit benötigen, um aus der Tiefe der unendlichen Gedankenwelt emporsteigen zu können. „Du kannst noch so oft an der Olive zupfen, sie wird deshalb nicht früher reif", lautet ein toskanisches Sprichwort. Es erinnert in einer schnelllebigen Zeit daran, dass auch Muße zum Wachsen gehört. Analog gehört zum Reden das Schweigen. Und im Umgang mit Passivität gilt es erst recht, die Volksweisheit zu beherzigen: „Reden ist Silber, Schweigen ist Gold."

Symbiose: Wege aus der „Rockzipfel-Beziehung" 5.1

Wie bereits erwähnt, können Sie die Schweigephase zeitlich begrenzen, indem Sie beispielsweise sagen: „Ich bin neugierig von Ihnen zu erfahren, wie Sie Ihre Ausbildungszeit in unserer Abteilung erlebt haben. Deshalb schweige ich die nächsten zehn Minuten." Wenn Sie das Gefühl haben, dass Ihr Auszubildender sich nicht traut, Ihnen offen ein Feedback zu geben, können Sie beispielsweise wie folgt intervenieren: „Ich nehme an, dass Sie gute Gründe haben, mit Ihren Aussagen vorsichtig zu sein. Das akzeptiere ich. Ich versichere Ihnen, dass die Informationen, die Sie mir geben, absolut vertraulich behandelt werden." Sie können auch noch einmal darauf hinweisen, wie wichtig Ihnen die Rückmeldung Ihres Auszubildenden ist, indem Sie beispielsweise sagen: „Bitte versetzen Sie sich einmal in meine Rolle: Können Sie verstehen, wie schwierig es für mich ist, ohne Ihre Hilfe das Ausbildungssystem in unserer Abteilung kontinuierlich weiterzuentwickeln? Bitte sagen Sie mir, unter welchen Voraussetzungen ein Gespräch zwischen uns sinnvoll sein kann."

Schweigephase begrenzen

Wenn alle Stricke reißen, gehen Sie auf die Metaebene: „Jetzt bin ich mit meinem Latein am Ende. Ich habe mir ein Feedback von Ihnen gewünscht, weil ich mit Hilfe Ihrer Meinung die Ausbildung innerhalb unserer Abteilung optimieren möchte. Ehrlich gesagt, im Moment bin ich mir nicht mehr sicher, ob das eine gute Idee war. Bitte sagen Sie mir, was wir jetzt machen sollen."

Metaebene

Wenn Sie auf Nummer Sicher gehen wollen, empfiehlt es sich bereits im Einführungsgespräch darauf hinzuweisen, dass Sie sich als Ausbilder im Kontext des Zwischen- und Beurteilungsgespräches vom Azubi ein Feedback wünschen. Diesen Wunsch können Sie dadurch untermauern, indem Sie einige Kriterien nennen, auf die der Auszubildende besonders achten soll.

5 Kreative Interventionen in Beziehungskrisen

> ⚠️ Die Beobachtungen des Auszubildenden können sich beispielsweise auf folgende Aspekte konzentrieren:
>
> ▶ zugewiesene Arbeitsgebiete/-felder,
> ▶ Quantität und Qualität der übertragenen Aufgaben,
> ▶ Arbeitsplatzrahmenbedingungen (PC, Tisch, Telefon …),
> ▶ individuelle leistungs- und interessenbezogene Freiräume,
> ▶ Orientierung an Aufgabenbeschreibung,
> ▶ Akzeptanz/Integration in der Abteilung,
> ▶ Verhältnis Auszubildender – Ausbildungsbeauftragte/r,
> ▶ Feedback durch Ausbildungsbeauftragten,
> ▶ Beurteilung (Einführungs-, Zwischen- und Beurteilungsgespräch),
> ▶ sonstige Anregungen.
>
> Quelle: Auszug aus einem Beurteilungsbogen der Aral AG und Co. KG, Stand: 2002

Wenn der Auszubildende von Anfang an weiß, dass Sie sich eine (spezifische) Rückmeldung wünschen, kann er seine Aufmerksamkeit entsprechend lenken, seine Beobachtungen notieren und diese im Rahmen der Zwischen- und Beurteilungsgespräche kommunizieren. Diese Vorgehensweise gewährleistet Ihnen, ein fundiertes Feedback zu erhalten.

Übung: Das Weggehen

Den Raum verlassen In manchen Fällen bietet es sich an, den Prozess des Schweigens nonverbal zu unterstützen, indem Sie vorübergehend aus dem Kontakt mit dem Auszubildenden gehen. Sinnbildlich formuliert: Sie verlassen den Raum. In diesem Zusammenhang gibt es eine sehr schöne Übung, die die Wirksamkeit dieser Strategie verdeutlicht:

> In Seminaren für Ausbilder werden die Teilnehmerinnen und Teilnehmer nach der Mittagspause aufgefordert, Dreiergruppen zu bilden. Person A hat die Aufgabe, Person B zu motivieren, den Raum zu verlassen. Dabei entscheidet Person B, ob und wann sie den Raum verlassen will. Person C beobachtet den Prozess, um anschließend im Plenum die Motivationsstrategien von Person A zu skizzieren. Die Übung dauert maximal fünf Minuten. Jede Kleingruppe führt ihre Übung separat durch.

Sie können sich sicherlich vorstellen, wie lebhaft teilweise die Motivationsstrategien ausfallen: Von der Belohnung über das Androhen von Strafe bis hin zu unterschwelligen Angeboten sexueller Natur reicht die Palette der Motivierung. Manchmal sind die Teilnehmerinnen und Teilnehmer, die den Part von Person A übernommen haben, erfolgreich, in den meisten Fällen sind sie es aber nicht.

Interessant ist in diesem Zusammenhang, dass keiner der Teilnehmerinnen und Teilnehmer auf die Idee kommt, einfach den Raum zu verlassen, indem sie beziehungsweise er mitteilt: „Ich gehe jetzt nach draußen, um ‚einen Kaffee zu trinken'. Wenn Sie Lust haben, können Sie ja nachkommen."

Ganz im Gegenteil: Die meisten streicheln die zu motivierende Person in ihrer Passivität und sind anschließend in aller Regel „ausgepowert". Sinnbildlich formuliert: Während Person A in der Rolle des Animateurs eine Motivationsrakete nach der anderen zündet, sitzt Person B zurückgelehnt im Sessel, genießt das „Unterhaltungsprogramm" des Ausbilders und ist ganz gespannt darauf, was dieser „noch auf der Pfanne" hat. Seine Devise lautet: „Spul' mal dein gesamtes Repertoire ab. Zeig mal, was du so drauf hast. Und wenn mir etwas gefällt, werde ich es dich wissen lassen." Wen wundert es da, dass anschließend im Plenum die A-Personen in aller Regel zurückmelden, dass sie die Übung als anstrengend erlebt haben, während die B-Personen sich prächtig unterhalten fühlten. Analog verhält es sich zu Ausbildungsbeziehungen, in denen die Ausbildungskräfte meinen, für die Motivierung ihrer Auszubildenden verantwortlich zu sein. Sie glauben, dass die Lösung in der Vervollkommnung ihrer

Falsche Strategien

Motivationsraketen liegt. Dass die Lösung in einer Zurücknahme liegen könnte, scheint ihnen absurd.

Wie Auszubildende solche Ausbilder erleben, war auf einer Toilette in einer Lehrwerkstatt zu lesen: „Mein Ausbilder agiert wie eine pädagogische Maschine. Manchmal lasse ich ihn heiß laufen." Erst wenn die Ausbilder lernen, sich selbst in Frage zu stellen, werden sie ihren Auszubildenden und sich selbst nicht mehr die Last von Problemlösungen aufbürden, die nur durch gemeinsames Handeln im Sinne der Fünfzig-Fünfzig-Regel möglich sind.

> **Bitte denken Sie daran:**
>
> Ausbilder, die dazu tendieren, als Trainer, Kapitän und Mannschaft in Personalunion aufzulaufen, befördern ihre Azubis auf die Ersatzbank.

Sind Sie in diesem Zusammenhang interessiert, eine gedankliche Übung mitzumachen? Okay!

Gedankenexperiment

> Angenommen, Sie werden aufgefordert, aufzustehen und das linke Bein zu heben, sodass es den Boden nicht mehr berührt. Sie denken vielleicht: „Das ist doch einfach. Das kann fast jeder." Jetzt werden Sie gebeten, das rechte Bein zu heben, und zwar ohne das linke vorher abzustellen, sodass Sie in der Luft hängen. Würden Sie das einmal ausprobieren? Nein, denn Sie wissen, dass es unmöglich ist. Hätten Sie jetzt das Gefühl eines Misserfolgs, weil Sie es nicht können? Natürlich nicht. Warum haben Sie dann (eventuell) ein Gefühl des Misserfolgs, wenn es Ihnen nicht gelingt, Ihren Auszubildenden zu motivieren, obwohl Sie längst „in der Luft hängen"?

Bitte denken Sie daran: „Wenn der Auszubildende partout nicht will, dann will er nicht. Da nützt es auch nichts, wenn Sie sich ‚beide Beine ausreißen': Sie schränken nur Ihre Beweglichkeit ein" (BUCKERT/KLUGE 2002, S. 82). Wer dies ignoriert, verhält sich wie der Mann, der nachts seinen Schlüssel verloren hat und ihn in der Nähe einer Laterne sucht. Ein Passant bietet sich an, bei der Suche zu helfen, und fragt:

"Wo ist der Schlüssel denn hingefallen?" "Da drüben", antwortet der Mann, "aber da gibt es kein Licht."

Abschließend sei noch darauf hingewiesen, dass das allerwichtigste Mittel, um aus Symbiosen auszusteigen, das Vermeiden von Abwertungen ist. Sowohl "Foulspiele" als auch Symbiosen basieren auf Missachtungen. Es werden eigene Bedürfnisse, Wünsche oder Gefühle oder die eines anderen abgewertet. Je mehr Sie auf Ihre Bedürfnisse, Wünsche und Gefühle achten und diese ohne Verschleierung und Umwege direkt kommunizieren, umso größer wird Ihr Wahrnehmungsvermögen und desto weniger unbewusste Botschaften werden Sie senden.

Vermeiden Sie Abwertungen!

5.2 Exkurs: Motivation – Tsjakkaa, du schaffst es oder nicht

Was haben Indianer und Ausbilder gemeinsam? Es ist ihr unerschütterlicher Glaube. Während die Indianer glaubten, die "Weißen" im Kampf besiegen zu können und ihre Annahme nach blutigen Schlachten und schmerzhaften Verlusten korrigieren mussten, glauben viele Ausbilder nach wie vor an die unbeschränkte Machbarkeit des Motivierens. Dieser unerschütterliche Glaube fördert immer wieder neue Überraschungseier aus dem Zauberhut, wobei sich manche als faule Eier erweisen.

Eigen- und Fremdmotivation

Die Lernpsychologie unterscheidet zwei Formen der Motivation: die intrinsische und extrinsische Motivation. Während im Rahmen der intrinsischen Motivation die Aktivität um ihrer selbst willen geschieht, soll im Kontext der extrinsischen Motivation durch die Aktivität etwas anderes erreicht werden. Intrinsisch motiviert ist zum Beispiel ein IT-Azubi, der oftmals Ausbildungs- und Freizeit nicht unterscheidet, weil er mit der Computerwelt leidenschaftlich verschmolzen ist. Seine Motivation kommt vom "Herzen". Solch motivierte Menschen stellen morgens um vier Uhr erstaunt fest, dass die Zeit wie im Fluge vergangen ist. Extrinsisch motiviert ist ein Azubi, der Informationen lernt, um gute Zensu-

Intrinsische/ extrinsische Motivation

ren zu bekommen. Das Lernen erfolgt durch äußere, nicht in der Sache liegende Anreize.

Grundsätzlich kann davon ausgegangen werden, dass die intrinsische Motivation zu wesentlich besseren (Lern-)Ergebnissen führt. Soweit die Theorie. Doch wie sieht es vielfach in der Praxis aus?

Prämien torpedieren Motivation

Beispiel Prämien
In der Ausbildungspraxis läuft extrinsische Motivation vielfach auf der Schiene „Incentive" und „Control". Auf Deutsch: „Belohnen", „Bestechen" und „Bedrohen". Dazu ein Beispiel: In einem Metall verarbeitenden Unternehmen vereinbaren die Tarifpartner einen Haustarifvertrag, der im Bereich der Ausbildungsvergütung folgende Regelung vorsieht: Die im Flächentarifvertrag ursprünglich vorgesehene Ausbildungsvergütung wird um fünf Prozent gekürzt. Wenn der Auszubildende in der Berufsschule und im Betrieb entsprechende Leistungen erbringt, bekommt er eine monatliche Prämie. Diese Prämie beinhaltet nicht nur die fehlenden fünf Prozent, sondern kann darüber hinaus bis zu 300 Euro zusätzlich einbringen. Ziel dieser extrinsischen Motivation ist es, die Auszubildenden zum Lernen anzuspornen.

Ergebnis: Demotivation
Das Ergebnis: Die Motivationsrakete entpuppt sich als Rohrkrepierer. Die Auszubildenden lernen nicht mehr, sondern weniger. Konsequenterweise stellt sich die Frage: Wieso entpuppt sich diese Motivationsrakete als Rohrkrepierer? Es ist doch eine tolle Sache, mehr „Kohle" in Aussicht zu stellen, oder? Wenn das so wäre, würde es ja funktionieren. Aber es funktioniert nicht. Denn die verdeckte Botschaft, die mit diesem Prämiensystem verknüpft ist und die vom Auszubildenden intuitiv erfasst wird, lautet: „Lieber Azubi, schön dass Sie bei uns in der Metallbranche anfangen. Ich will ehrlich zu Ihnen sein: Hier sind alle Azubis faule Schweine. Und – machen wir uns nichts vor – Sie sind auch ein faules Schwein. Deshalb haben wir in unserer Firma ein tolles System entwickelt. Sie erhalten monatlich eine Ausbildungsprämie, vorausgesetzt, Ihre Leistungen stimmen. Wenn nicht, erhalten Sie nur 95 Prozent von der üblichen Ausbildungsvergütung." Der neue Auszubildende sagt sich unbewusst: „Schade, eigentlich wollte ich mit ganzem Herzen in

dieser Firma lernen. Bedauerlicherweise misstraut man mir von Anfang an und glaubt, mich bestechen zu müssen. Na schön, wenn man mir sowieso misstraut, wenn man mir so begegnet in dieser Firma, dann werde ich mich auch so verhalten." Das Ergebnis: Die Auszubildenden entpuppen sich als „faule Schweine". Was die Unternehmensleitung aber völlig ausblendet, ist, dass sie dieses Ergebnis durch ihre „Motivationsrakete" hervorgerufen hat.

Der Erwartungseffekt

Bereits Ende 1960 hat der amerikanische Wissenschaftler ROBERT ROSENTHAL nach einer Reihe von Untersuchungen die Pygmalion-Theorie aufgestellt. Dieser Theorie nach ist die Macht der Erwartungen – die Ausbilder an lernende Menschen stellen – so groß, dass durch sie alleine schon deren Verhalten beeinflusst werden kann. Auch wenn sich Ausbilder noch so sehr bemühen, ihre Einstellung in Gegenwart des Auszubildenden zu verbergen, er wird auftretende Widersprüche intuitiv erfassen. Diese Theorie ist bekannt unter der Bezeichnung SEP: die sich selbst erfüllende Prophezeiung. Vorhersagen, die ihre eigene Erfüllung verursachen. Nicht umsonst sagt der Volksmund: „Wie man in den Wald hineinruft, so schallt es heraus." Mit anderen Worten: Wer seinen Auszubildenden unterstellt, dass sie „faule Schweine" sind, darf sich nicht wundern, wenn sie sich als solche erweisen beziehungsweise dass sie so wahrgenommen werden. In der Ballade „Der Zauberlehrling" von JOHANN WOLFGANG VON GOETHE heißt es sehr treffend: „Die ich rief, die Geister, werd ich nun nicht los." Solche Motivationsraketen müssen sich als Rohrkrepierer erweisen. Denn jeder Motivationsversuch von außen ist ein Manipulationsversuch.

Sich selbst erfüllende Prophezeiung

Und kein Mensch lässt sich auf Dauer manipulieren, weil es das Selbstwertgefühl untergräbt. Nicht umsonst schreibt der Bestsellerautor REINHARD K. SPRENGER in seinem Buch „Mythos Motivation" (1992): „Alles Motivieren ist Demotivieren." Diese These belegt der Autor neben zahlreichen Fakten anhand einer Geschichte: „Ein alter Mann wurde täglich von den Nachbarskindern gehänselt und beschimpft. Eines Tages griff er zu einer List. Er bot den Kindern eine Mark an, wenn sie am nächsten Tag wiederkämen und ihre Beschimpfungen

Alles Motivieren ist Demotivieren

wiederholten. Die Kinder kamen, ärgerten ihn und holten sich dafür eine Mark ab. Und wieder versprach der alte Mann: ‚Wenn ihr morgen wiederkommt, dann gebe ich euch 50 Pfennig.' Und wieder kamen die Kinder und beschimpften ihn gegen Bezahlung. Als der alte Mann sie aufforderte, ihn auch am nächsten Tag, diesmal allerdings gegen 20 Pfennig zu ärgern, empörten sich die Kinder: Für so wenig Geld wollten sie ihn nicht beschimpfen. Von da an hatte der alte Mann seine Ruhe" (Sprenger 1992, S. 67).

Dieses Beispiel zeigt, wie man eine intrinsische Motivation systematisch von hundert auf null bringen kann: mit Hilfe von Geld.

Systemische Probleme sind nicht individuell lösbar

Das eingangs geschilderte Unternehmensbeispiel zeigt auch, dass Motivationsprobleme vielfach hausgemacht und strukturell bedingt sind, die individuell gelöst werden sollen. Was im Unternehmen auf der „Teppichebene" ausgeheckt wird, sollen die Ausbilder vor Ort ausbaden. Zum Beispiel verzichtet das Metall verarbeitende Unternehmen mittlerweile auf Einstellungstests, weil es ansonsten nicht genügend Auszubildende findet. Mit dieser Entscheidung sind zweierlei Konsequenzen verbunden: Einerseits werden junge Menschen eingestellt, die für den Ausbildungsberuf intellektuell nicht geeignet sind, was die Wahrscheinlichkeit des Durchfallens bei der Abschlussprüfung erhöht. Andererseits – um den Karren aus dem Dreck zu ziehen – müssen die Ausbilder mehr Zeit als üblich in die Ausbildung investieren, damit die Schwächeren überhaupt eine Chance bekommen, einigermaßen das Ausbildungsziel erreichen zu können. Es liegt auf der Hand, das systemisch verursachte Probleme auf der individuellen Ebene zu Kopfschütteln, Frustration und Demotivation führen können.

Noch ein Fallbeispiel

Prämien für Ausbilder?

„Das ist ja noch gar nichts. Mein Vater ..." Kennen Sie solche Witze, in denen Sprösslinge versuchen, mit ihren Geschichten jeweils den anderen auszubooten? Das nächste Beispiel ist kein Witz, sondern eine weitere reale und absurde Motivationsrakete aus der Praxis, mit der wiederum ein Metall verarbeitendes Unternehmen versucht, die Ausbilder und Auszubildenden mit Hilfe von Prämien voranzubringen. Nur diesmal sind es nicht die Auszubildenden, die sich eine Prämie verdienen können, sondern die Ausbilder. Vorausgesetzt, dass die Auszubildenden ihre Abschlussprüfung mit „sehr gut" bestehen, erhalten die Ausbilder eine Weihnachtsgratifikation. Auch dieses Modell klingt auf den ersten Blick sehr verlockend, beinhaltet aber eine Reihe von ungewollten Konsequenzen:

1. Da die Gratifikation vom Bestehen der Abschlussprüfung abhängt, vermitteln die Ausbilder primär den Prüfungsstoff. Sowohl das Trainieren von Schlüsselqualifikationen als auch das Vermitteln von nicht prüfungsrelevanten Ausbildungsinhalten bleiben auf der Strecke.

2. Auch in dieser Situation erfassen die Auszubildenden intuitiv, wie der Hase läuft: Wenn der Ausbilder zu den Auszubildenden nicht lieb und nett ist und diese einen Rochus auf ihn haben, streichen sie ihm kurzerhand die Weihnachtsgratifikation, indem sie in der Abschlussprüfung absichtlich etwas schlechter abschneiden. Diese Art von Kooperation erinnert an Zeiten, wo immer nur einer in die Arena gerufen wird, während die anderen auf der Tribüne sitzen und fröhlich den Daumen heben oder senken. Solche Rahmenbedingungen entpuppen sich für die Ausbilder als „emotionale Blutsauger".

Der Kardinalfehler im Umgang mit dem Thema „Motivation" besteht in der Annahme, dass der andere nicht motiviert sei. Und weil viele Unternehmen und Ausbilder an die unbeschränkte Machbarkeit des Motivierens glauben, sind der Kreativität – was das Entwickeln von Motivationsraketen betrifft – keine Grenzen gesetzt. Motivation funktioniert aber nicht nach dem „Dr.-Oetker-Prinzip": Man nehme … So kann man zwar einen Kuchen backen, aber nicht den Umgang mit Auszubildenden gestalten. Der Mensch ist kein Baukasten. Die Wahrheit über Motivation ist, dass Ausbilder ihre Auszubildenden nicht motivieren können. Sie können Auszubildende belohnen, bestechen und bedrohen, aber nicht motivieren.

Kardinalfehler

**Rahmen-
bedingungen
schaffen**

Allerdings können Ausbilder Rahmenbedingungen schaffen, die es dem Auszubildenden ermöglichen, seine mitgebrachte Motivation auszuleben. Zu diesen Rahmenbedingungen zählt die Fünfzig-Fünfzig-Regel (s. Abbildung 9).

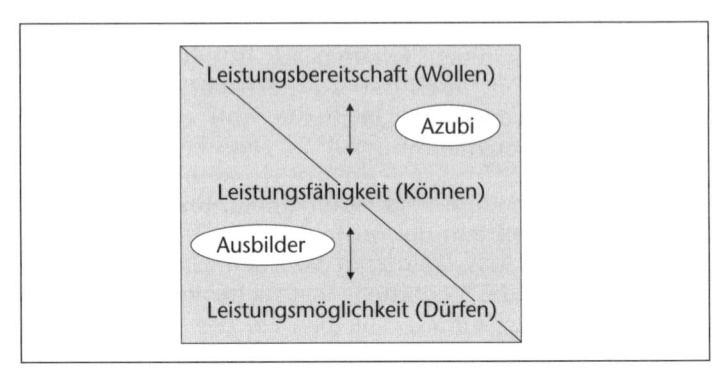

```
┌─────────────────────────────────────────┐
│      Leistungsbereitschaft (Wollen)     │
│             ↕     ( Azubi )             │
│      Leistungsfähigkeit (Können)        │
│      ( Ausbilder )  ↕                   │
│      Leistungsmöglichkeit (Dürfen)      │
└─────────────────────────────────────────┘
```

Abb. 9: Die Fünfzig-Fünfzig-Regel der Verantwortung (nach R. K. SPRENGER)

Fordern statt verführen

**Animateur in
der Spaß-
gesellschaft**

In der heutigen Spaßgesellschaft existiert vielfach auf Seiten der Auszubildenden die latente Erwartung, rund um die Uhr motiviert zu sein, sprich „Fun" zu haben. Mit anderen Worten: Am Ausbildungsplatz soll es zugehen wie am Ballermann 6 auf Mallorca: Der Ausbilder wird zum Animateur und schenkt literweise Sangria aus. Dazu grölen alle lautstark und fröhlich im Chor Party- und Sauflieder. Es liegt auf der Hand: Ausbilder, die hier nicht mithalten können und auch nicht wollen, sehen alt aus. Schnell entsteht eine Situation, wie sie nach einer durchzechten Nacht am Ballermann üblich ist: Während am frühen Morgen die Reinigungskräfte für Ordnung sorgen, schlafen die „Kids" ihren Rausch aus. Zurück bleiben die „Animateure" mit der quälenden Frage: Wie kann ich heute meine „Auszubildenden" motivieren? Doch bereits in dieser Fragestellung liegt der Knackpunkt der Misere. Motivation ist keine Führungsaufgabe, sondern Sache des Einzelnen. Ihr Spielraum zu geben ist Sache des Ausbildungspersonals. Ausgehend von dieser Grundannahme wäre es absurd, die 185. Motivationsstrategie zu präsentieren; zumal das reichhaltige Angebot an Motivationsmethoden mit karnickelartiger Vermehrungstendenz zur Verfügung steht.

Vielmehr lautet konsequenterweise die zentrale Frage: Wie können Ausbilder aus der Rolle des Animateurs aussteigen, um die Selbstmotivation und -verantwortung ihrer Auszubildenden zu fördern und den „Robinson-Club" zu dem zu machen, was er ist: ein Ausbildungs- und Lernplatz?

Die einzige Motivation, die wirklich funktioniert, ist die Motivation, die von innen kommt. Wie sagt doch Fliegerass Dolittle, gespielt von Alec Baldwin, in „Pearl Harbor": „Es gibt nichts Stärkeres als das Herz eines Freiwilligen." Jeder Auszubildende tut das Beste für sich, wenn er sein Bestes gibt. Nicht nur ab 17.00 Uhr auf dem Surfbrett und vorher mit freizeitorientierter Schonhaltung in der Firma, sondern ab 07.00 Uhr. Denken Sie nur an den amerikanischen Pianisten Arthur Rubinstein, der sagte: „Ich spiele so gerne Klavier, dass ich es auch umsonst tun würde." Oder auch an den legendären Fußballtrainer Udo Lattek, der auf die Frage „Was kann Sie überhaupt noch motivieren?" antwortete: „Ich mich selbst!" Ausbilder haben dafür zu sorgen, dass die Rahmenbedingungen dies ermöglichen.

Motivation von innen

Die Kooperation zwischen Ausbilder und Auszubildenden formuliert der Volksmund so: „Man kann die Pferde zur Tränke führen, saufen müssen sie alleine." Diese Volksweisheit stößt in Seminaren für Ausbilder gelegentlich auf Widerstand. „Aber man kann doch ein Pferd nicht verdursten lassen, wenn es partout nicht trinken (sprich lernen) will", lautet die Kritik. Abgesehen davon, dass diese Kritik die selbst aktivierenden Kräfte des Auszubildenden ausblendet, stellt sich die Frage: Warum eigentlich nicht? „Jeder Mensch hat das Recht, die Folgen des eigenen Verhaltens selbst herauszufinden und zu erleben, was das für ihn bedeutet. Manchmal ist das auch bei erwachsenen Personen ein unausweichlicher Schritt", schreiben die Autoren Gührs und Nowak in ihrem Buch „Das konstruktive Gespräch" (1995). Erwachsen zu werden ist gelegentlich ein schmerzvoller Abschied von der Jugend. Denn wer als Erwachsener Verantwortung übernimmt, verliert die Unschuld an dem, was passiert. Genau dort entstehen die Brüche, die wehtun.

Eine alte Ausbilder-Regel besagt: „Wenn Sie immer das tun, was Sie schon immer getan haben, werden Sie immer das bekommen, was Sie schon immer bekommen haben. Wenn das, was Sie tun, nicht wirkt, tun Sie etwas anderes." Es nützt Ihnen nichts, tote Pferde (sprich unbrauchbare Strategien) zu reanimieren. Absteigen, begraben und ein neues Pferd (sprich neue Strategie) besteigen. Ansonsten endet man wie die Indianer in den ewigen Jagdgründen.

Geld schießt keine Tore

So wie es Ihnen nichts nützt, Hunde zum Jagen zu tragen, bringt es auch nichts, Motivation mit Hilfe von Prämien oder sonstigen „Motivationsraketen" erkaufen zu wollen. Schon OTTO REHHAGEL hat darauf hingewiesen: „Geld schießt keine Tore." Es löst höchstens Strohfeuer aus. Je mehr Sie versuchen, den anderen zu motivieren, desto stärker besteht die Gefahr, dass Sie dabei „ausbrennen". Mit anderen Worten: Sie demotivieren sich selbst. Der Irrglaube an die Machbarkeit der Motivierung führt letztendlich zu Motivationsverlusten auf beiden Seiten.

Die Vorstellung, dass der Auszubildende ertrinken würde, ist eine Annahme die eintreten kann, aber nicht per se eintreten muss. Denken Sie an die Geschichte von dem Frosch, der in einen Milchtopf gefallen ist. Er strampelt so lange, bis die Milch zu Butter wird, er aus dem Topf klettern und sich somit vor dem Ertrinken retten kann. Analog zur Berufsausbildung sprechen gute Gründe dafür, dass der Auszubildende sich ebenfalls freischwimmt: Zum einen bekommt der Azubi Raum, sich in den Ausbildungsprozess aktiv einzubringen. Zum anderen ergibt sich für ihn vielleicht zum ersten Mal die Notwendigkeit, aktiv zu handeln. Bislang wurde ihm ja alles hinterher getragen. Warum sollte er seine Erfolgsstrategie aufgeben? Die gewünschte Verhaltensänderung kann nur dadurch auslöst werden, indem zunächst der Ausbilder sein Verhalten ändert. In manchen Situationen ist die beste Art der Motivation das Nicht-Motivieren: „Wer hilft, wo Fördern reicht, der schadet" (THOMAS GORDON).

Fordern und fördern

Was ist der Unterschied zwischen fordern und fördern? Optisch betrachtet sind es die Ö-Striche. Aber diese Ö-Striche machen den Unterschied aus: Auszubildende ausschließlich zu fördern erzeugt eine Konsumentenhaltung nach der Devise „Halt-mich-bei-Laune". Junge Menschen ausschließlich zu fordern endet in der „Friss-oder-stirb-Haltung". Fordern und fördern gehören zusammen wie siamesische Zwillinge: Nur vereint sind sie überlebensfähig.

Motivation ist Sache des Einzelnen

Zu den Rahmenbedingungen gehört auch die Auseinandersetzung mit den jungen Leuten darüber, dass Motivation Sache des Einzelnen ist. Dazu gehört die Erkenntnis, dass lernende Menschen erst etwas investieren müssen, bevor sie Spaß an ihrem Können haben. Das dies heute schwieriger zu vermitteln ist, liegt auf der Hand. Die allgemeine Erfahrung ist: Wir drücken aufs Knöpfchen und bekommen Fun. Die Medien gaukeln uns vor, alles einfach und leicht haben zu können. Wer dick ist, lässt sich das Fett absaugen. Wer kein Instrument spielen kann, imitiert auf dem Computer ein ganzes Orchester. Die Berufsausbildung bietet die Chance, diese Haltungen kritisch zu reflektieren und dabei die Erkenntnis zu gewinnen, dass Fun ohne Anstrengung auf Dauer langweilig wird; dass ein zufrieden stellender Lebensgenuss nur durch das Erbringen individueller Leistungen möglich ist. Oder wie es im Volksmund heißt: „Ohne Fleiß kein Preis". Diese Erfolgserlebnisse bilden die Basis für einen lebenslangen Lernprozess. Die Berufsausbildung wird zur Keimzelle für (Arbeits-)Motivation. Bis es soweit ist, können Ausbilder gelassen auf die Zuversicht setzen, die in einer Joghurt-Werbung zum Ausdruck kommt und lautet: „Früher oder später kriegen wir auch dich!"

Ohne Fleiß kein Preis

Wer sich mit dem Thema „Möglichkeiten und Grenzen des Motivierens" intensiver auseinander setzen möchte, findet dazu mehr theoretischen Hintergrund und viele praktische Beispiele in „Der Ausbilder als Coach – Motivierte Auszubildende am Arbeitsplatz" (2002) von ANDREAS BUCKERT und MICHAEL KLUGE.

5.3 Konfrontation: Den Grund liefern die Auszubildenden

Eine vierte Strategie im Umgang mit Passivität ist das „Konfrontieren".

> Kontrollfrage: Kennen Sie noch die anderen drei Strategien im Umgang mit Passivität?

Vielen Menschen läuft es heiß und kalt den Rücken rauf und gleich wieder runter, allein wenn sie dieses Wort hören. Für sie hat der Begriff einen negativen Beigeschmack. Sie assoziieren damit Uneinigkeit, Provokation und sogar mögliche Gewalt.

Was heißt Konfrontation? Tatsächlich wird in der Transaktionsanalyse ein Vorgang als Konfrontation bezeichnet, wenn er beiden Gesprächspartnern durch das Austauschen von Gefühlen und Informationen Klarheit verschafft. Ziel dieser Kommunikation ist es, einerseits dass Aufstauen von negativen Gefühlen zu verhindern, indem Probleme frühzeitig angesprochen werden, andererseits eine Basis zu erhalten, auf der die Bedürfnisse beider Parteien befriedigt werden können. Das Mittel „Konfrontation" wird eingesetzt, um Veränderungen zum Besseren zu ermöglichen.

Das Ziel einer konstruktiven Konfrontation ist, dass beide gewinnen. Sie konzentriert sich auf klare, präzise Erwartungen. Ein Beispiel: Der Ausbilder sagt in lockerer Weise: „Mensch, Herr Meier, ich habe gerade Ihre Arbeit gelobt und Sie tun so, als ob das nichts Besonderes sei. Bitte nehmen Sie mein Lob an."

In diesem Sinne heißt Konfrontation auch fürsorglich zu agieren, indem der Ausbilder das Verhalten des Auszubildenden anspricht.

Fallbeispiel: Der „Zuviel-privat-Telefonierer"-Azubi

Der Auszubildende Meier befindet sich im zweiten Ausbildungsjahr zum Groß- und Außenhandelskaufmann. Er hat bereits unter der Anleitung von verschiedenen Ausbildern mehrere Abteilungen durchlaufen. Seinem jetzigen Ausbilder fällt auf, dass der Auszubildende während der Arbeitszeit viele Telefonate privater Natur durchführt. Er bekommt mit, dass es um Verabredungen, betriebsübergreifende Termine, Kopiervorhaben, Klausuren und ähnliche Angelegenheiten geht. Dieses Verhalten hat zur Konsequenz, dass die ihm übertragenen Arbeiten zu lange bearbeitet werden beziehungsweise zunächst liegen bleiben, bevor sie in der „Prioritätenliste" des Auszubildenden aufrücken. Da dem Ausbilder das Verhalten des Auszubildenden missfällt, spricht er seinen Auszubildenden auf dessen Handeln an. Dieser reagiert ganz baff und verständnislos, da dieses noch nie jemand zu ihm gesagt hat. Vorübergehend verhält sich der Auszubildende trotzig, indem er kaum noch mit dem Ausbilder spricht. Erst nach einigen Tagen „normalisiert" sich sein Verhalten, allerdings ohne Telefonitis.

In dem Beispiel wird deutlich, dass die vorherigen Ausbilder das unangemessene Verhalten des Auszubildenden nicht konfrontiert haben, obwohl ihnen das Verhalten sicherlich ebenfalls „gestunken" hat. Gewähren lassen bedeutet hier, sich pseudotolerant zu verhalten; Opfer billigend in Kauf zu nehmen. Die Ausbilder, die es sich und ihren Auszubildenden leicht machen, die Anforderungen also senken, machen es zugleich den engagierten Ausbildern schwer. Toleranz mit Gleichgültigkeit zu verwechseln, ist für Ausbilder ein unerwünschter Fauxpas. Eine unterlassene Konfrontation kann Auszubildende einer Gelegenheit berauben, sich zu entwickeln. „Jegliche Inkonsequenz ermöglicht es dem Gegenüber, sich nicht mit seinem Anteil an dem Problem auseinandersetzen zu müssen, fördert weitere Passivität und führt damit aller Erfahrung nach zu einer Verfestigung des problematischen Verhaltens" (GÜHRS/NOWAK 1995, S. 191). Daher ist es wichtig, dass Auszubildende für ihr Verhalten verantwortlich gemacht werden. Die Wissenschaft spricht von konfrontativer Pädagogik.

Toleranz darf nicht Gleichgültigkeit bedeuten

Die Abwertung eines Auszubildenden besteht nicht darin, problematisches Verhalten anzusprechen, sondern es zu übertünchen. Zum Beispiel erfolgt im Rahmen eines Beurteilungsgespräches die „Verletzung" eines Auszubildenden dadurch, indem so getan wird, als ob alles in Ordnung wäre, obwohl sich beim Verkünden dieser Botschaft „die Balken verbiegen". Unterschwellig schwingt die Botschaft mit: „Du bist es nicht wert, dass wir uns über Deine ‚Schwächen' auch noch austauschen."

Rebellisches Kindheits-Ich

Da in den vorherigen Ausbildungsabteilungen keiner der Ausbilder das unangemessene Verhalten des Auszubildenden konfrontiert hat, ist es nicht weiter erstaunlich, dass dieser zunächst rebellisch reagiert. Rebellion ist ein gesundes Verhalten bei dem Versuch, sich von Autoritätspersonen zu lösen. Bevor ein Auszubildender dieses Verhalten aufgeben kann, muss er seine Rebellion erleben. Je offener ein Auszubildender rebellieren darf, ohne dafür abgelehnt zu werden, desto eher kann er diesen Prozess des Sichlösens abschließen. Wird dem Auszubildenden nicht erlaubt zu rebellieren oder wird er wegen seines Verhaltens abgelehnt, geht er in den „Untergrund": Er kommt zu spät zur Arbeit, macht viele Flüchtigkeitsfehler, erledigt Aufgaben ein kleines bisschen anders als erwartet, verpasst wichtige Fristen und Termine, meldet sich „krank" oder fängt eine Oppositionsbewegung im Betrieb an.

Wer als Ausbilder mit einem Auszubildenden umgeht, der sich in seinem rebellischen Kindheits-Ich befindet, ist gut beraten, in bestimmter und fürsorglicher Weise Grenzen zu setzen und Auflehnung in solchen Situationen zu akzeptieren, in denen dieses Verhalten keinen wirklichen Schaden anrichtet. ABE WAGNER schreibt in diesem Zusammenhang in seinem Buch „Besser führen mit Transaktionsanalyse": „Wenn die Untergebenen etwas gerade heraus sagen, brauchen sie es nicht auf Umwegen zu zeigen und verursachen ihren Unternehmen durch ihr passiv-aggressives Verhalten nicht Kosten, die in die Hunderte, Tausende, ja gar Millionen gehen" (1992, S. 166).

Tipps: So konfrontieren Sie unangemessenes Verhalten

Verträge schließen

▶ Eine der einfachsten Methoden, eine reaktionsfreie Konfrontation vorzubereiten, ist, zuvor mit dem Auszubildenden einen Vertrag zu schließen. Sagen Sie zum Beispiel: „Im Zusammenhang mit Ihrem Verhalten am Telefon ist mir etwas aufgefallen, worüber ich mit Ihnen gern sprechen möchte. Sind Sie einverstanden, mir zuzuhören und über das Gesagte nachzudenken?"

▶ Achten Sie darauf, dass Sie nur in Einzelgesprächen konfrontieren. Ein Auszubildender nimmt konstruktive Kritik eher an, wenn er nicht vor seinen Kollegen konfrontiert wird. — **Einzelgespräche**

▶ Während der Konfrontation ist es hilfreich, wenn Sie sich auf das konzentrieren, was Sie erreichen wollen. Formulieren Sie „Tu-das"- statt „Tu-das-nicht-Botschaften". Zum Beispiel: „Bitte erledigen Sie erst die Aufgaben, die ich Ihnen übertragen habe. Wenn Sie diese erledigt haben, können Sie Ihre privaten Telefongespräche führen." Auf diese Weise unterstützen Sie Ihre Auszubildenden, ihren Energiefluss in eine andere Richtung umzuleiten statt ihn zu stoppen. — **Tu-das-Botschaften**

▶ Vermeiden Sie beim Konfrontieren Du-Botschaften. Diese laden nur zu Abwehrreaktionen ein. Laden Sie andere ein zu verstehen, was Sie sagen, indem Sie Ich-Botschaften formulieren. — **Ich-Botschaften**

▶ Bauen Sie Ihre Konfrontation so auf, dass die Auszubildenden durch das Ändern ihres Verhaltens gewinnen, indem Sie positive Aussagen mit negativen verknüpfen. Zum Beispiel: „Wenn Sie die Aufgaben auf Ihre übliche Weise erledigt hätten, wäre ich (sehr) zufrieden." — **Positive Aussagen**

▶ Wenn Sie überprüfen wollen, wie Sie verstanden worden sind, äußern Sie folgenden Wunsch: „Bitte sagen Sie mir mit Ihren eigenen Worten, was Sie verstanden haben." Dadurch können Sie prüfen, ob zwischen der Aufnahme Ihrer Worte und der Interpretation durch den Auszubildenden ein Widerspruch liegt. Falls ja, haben Sie die Möglichkeit, diesen aufzulösen. — **Feedback**

▶ Gelegentlich wird eine einmalige Konfrontation nicht ausreichen. Manche Auszubildende werden ihr Verhalten so lange nicht ändern, bis sie sich richtig unbehaglich fühlen. In diesen Fällen ist manchmal eine „Eskalation" notwendig, weil der Kind-Ich-Zustand des zu kon- — **Eskalation kann notwendig sein** frontierenden Auszubildenden nicht glaubt, dass Sie es mit Ihrer Konfrontation ernst meinen. Die Autoren GÜHRS und NOWAK schreiben in ihrem Buch „Das konstruktive Gespräch": „Jeder Mensch hat das Recht, die Folgen des eigenen Verhaltens selbst herauszufinden und zu erleben, was das für ihn bedeutet. Manchmal ist das auch bei erwachsenen Personen ein unausweichlicher Schritt" (1995, S. 191).

Geduld ▶ Wenn Sie mit Ihrem Konfrontieren unbeirrt und einfühlsam fortfahren, ist daran zu denken, dass Veränderungen selten über Nacht geschehen. Achten Sie darauf, ob sich die Vorfälle seltener und weniger intensiv ereignen. Rechnen Sie auch mit Veränderungsprozessen, die Rückfälle aufweisen. Rückfälle sind nicht die Ausnahme, sie sind die Regel. „In Wirklichkeit können wir Leute durch unser Konfrontieren nicht ändern. Die Leute ändern sich selbst. Wir können jedoch so fürsorgend konfrontieren, dass Möglichkeiten eröffnet werden, die unsere Beziehungen zu anderen verbessern" (WAGNER 1992, S. 147).

Kontaktabbruch ▶ Wenn sich Auszubildende partout nicht ändern wollen und Sie nicht bereit sind, dies zu akzeptieren, hören Sie auf, mit ihnen zu kommunizieren. Wenn dieser „Kontaktabbruch" aus der Position „Ich bin okay – die anderen sind okay" erfolgt, ist die Tür für spätere Gespräche offen.

> **Bitte denken Sie daran:**
>
> Konsequenzen sind keine willkürlichen Strafen, sondern voraussehbare Folgen.

5.4 Grenzen in der Beziehungsarbeit

Auszubildenden, die durch ihr Verhalten sehr deutlich signalisieren, dass sie mit den vereinbarten Regeln nichts am Hut haben, müssen Grenzen gesetzt werden. Konfrontation ist auch ein Mittel, um Grenzen aufzuzeigen und erlebbar zu machen. Wenn selbst in solchen Fällen das Konfrontieren unterbleibt, ergibt sich die kritische Frage: Welche schweren Geschütze muss ein junger Mensch noch auffahren, um wahrgenommen zu werden?

Wo die Grenzen in der Beziehungsarbeit liegen, verdeutlicht die nachstehende Geschichte:

Eine Tiergeschichte

Kooperationsgespräch zwischen einem Huhn und einem Schwein

Das Huhn: *„Du, wir machen eine Kooperation! Was hältst du davon?"*

Das Schwein: *„Wie geht das, diese Kooperation?"*

Das Huhn: *„Du, das ist ganz einfach, ja sogar kinderleicht. Du musst nur wollen!"*

Das Schwein: *„Prinzipiell will ich. Was muss ich machen?"*

Das Huhn: *„Also, die Kooperation läuft so: Wir machen einen gemeinsamen Haushalt. Ich steuere die Eier bei und du lieferst den Speck."*

Das Schwein: *„So gut finde ich diese Idee nicht. Denn ich gehe ja schließlich daran kaputt!"*

Das Huhn: *„Aber so machen die Menschen auch Kooperation!"*

Das Schwein: *„Nee du, ohne mich! Mensch ist Mensch, Schwein ist Schwein."*

Wo Zugeständnisse erwartet werden, die auf die eigenen „Kosten" gehen, liegen die Grenzen der Beziehungsarbeit. Kooperation funktioniert nicht nach der „Rosinen-Theorie". Annäherung ist nur da möglich, wo beide Ausbildungspartner an einer Brücke interessiert sind und beide auch daran bauen. „Wer nicht kooperiert, kann auch von seinem Gegenüber keine Kooperation erwarten. Aber man sollte zugleich deutlich machen, dass man jederzeit bereit ist, auch wieder zu konstruktivem Verhalten zurückzukehren, wenn der andere das tut, gleichgültig, was in der Zwischenzeit gelaufen ist" (DEHNER 2001, S. 133).

Kündigung Die schärfste Konfrontation im Rahmen der Berufsausbildung ist die Kündigung. In diesem Zusammenhang schreibt ABE WAGNER: „Ein guter Chef braucht niemals jemanden zu feuern. Er versetzt die Mitarbeiter in die Lage, die natürlichen Konsequenzen ihres Verhaltens zu erleben. Er sagt ihnen klipp und klar, was die Position von ihnen verlangt und was sie leisten müssen, um den Job zu behalten. Entscheiden sie, sich nicht danach zu richten, besorgt ihr eigenes Verhalten ihre Entlassung. (...) Die Entscheidung, sich zu kündigen, ist die des Angestellten" (1992, S. 159).

Dieses Konzept hilft auch Auszubildenden zu verstehen, dass Verhalten und Konsequenzen in direktem Zusammenhang stehen. Bevor Sie sich entschließen, sich von einem Auszubildenden zu trennen, lassen Sie ihn wissen – so der Unternehmensberater ABE WAGNER – dass

▶ Sie diesen Schritt in Betracht ziehen, aber noch nicht beschlossen haben;

▶ diese Entscheidung in Wirklichkeit seine eigene ist, weil sein Verhalten ihm die Kündigung einbringt oder ihm den Ausbildungsplatz erhält;

▶ Sie ihn entscheiden lassen, ob er bleiben und seine Entscheidung durch entsprechende Taten unter Beweis stellen will, da es eine zu schwere Verantwortung für Sie ist;

▶ Sie es gerne sehen würden, wenn seine Arbeit erkennen ließe, dass er sich zu bleiben entschieden hat.

Nachdem diese Konsequenzen deutlich vermittelt worden sind, hält es der Auszubildende in den Händen zu entscheiden, ob er die Folgen seines Handelns erleben und tragen will oder ob er sein Verhalten lieber ändert. Nicht umsonst sagt der Volksmund: „Wer sich die Suppe eingebrockt hat, muss sie auch auslöffeln." Sie können zwar die Auszubildenden einladen, „glücklich und zufrieden" zu sein – aber es ist ihre Entscheidung, Ihrer Einladung zu folgen. Da Sie die Verantwortung für Ihre Gefühle, Gedanken und Handlungen besitzen und der Auszubildende für seine, hat jeder von ihnen die Macht, Änderungen herbeizuführen.

Bitte denken Sie daran:

„Zusammenkommen ist ein Beginn.
Zusammenbleiben ist ein Fortschritt.
Zusammenarbeiten ist ein Erfolg."

Henry Ford I.

6 So gelingt Ihnen der Praxistransfer

Wie Sie gesehen haben, basiert das Erfolgsrezept für das Entwickeln einer fruchtbaren Beziehungsarbeit auf verschiedenen Elementen. Dazu gehören

- das Einnehmen der Haltung „Ich bin okay – die anderen sind okay",
- das Erkennen und Ansprechen der einzelnen Ich-Zustände,
- das Aussteigen aus einer Kultur der Selbstverständlichkeit, um Auszubildenden die Aufmerksamkeit zukommen zu lassen, die sie für ihre Entwicklung benötigen,
- das Arbeiten auf der Grundlage von Mini-Verträgen, um ein konstruktives Miteinander zu ermöglichen,
- das Vermeiden von Psycho-Spielen, indem Sie offen Ihre Bedürfnisse kommunizieren, und
- das kreative Handeln in Beziehungskrisen, das dadurch gekennzeichnet ist, dass Sie eher weniger statt mehr machen, dass Sie unerwartet, ja teilweise „paradox" reagieren.

Es würde Sie eventuell überfordern, alle Konzepte auf einmal anzuwenden. Hinzu kommt, dass es unweigerlich zur Rebellion führen würde, wenn Sie alles radikal verändern wollten. Konzentrieren Sie sich deshalb auf ein Konzept, das Ihnen spontan am besten gefällt, und praktizieren Sie es eine Woche oder einen Monat lang. Nach und nach probieren Sie die anderen Strategien ebenfalls aus, bis sie Ihnen geläufig sind und der Nutzen, den ihre Anwendung bringt, spürbar wird. Nutzen Sie die sich Ihnen bietenden Möglichkeiten voranzugehen, sodass neben der Befriedigung von gegenseitigen Bedürfnissen etwas Drittes aus der Beziehung heraus entstehen kann. Dazu wünscht Ihnen der Autor viel Erfolg.

Schrittweise ausprobieren

Weitere Informationen:

Sind Sie durch das Lesen des Buches neugierig geworden, was die Transaktionsanalyse betrifft? Wenn Sie weitere Informationen wünschen, wenden Sie sich an die

Deutsche Gesellschaft für
Transaktionsanalyse e.V. (DGTA)
Silvaner Weg 8
D-78464 Konstanz
Tel.: (0 75 31) 9 52 70
Fax: (0 75 31) 9 52 71
Internet: http://www.dgta.de

oder an den Autor:

Michael Kluge
Ausbildungs- und Kommunikationsmanagement
Mittelstraße 45 a
D-30982 Pattensen
Tel.: (0 51 01) 91 56 23
Fax: (0 51 01) 91 56 24
E-Mail: MKTrainKluge@aol.com
Internet: http://www.kluge-kompetenzen.de

Literaturhinweise

ARMSTRONG, L./JENKINS, S.: Tour des Lebens. Wie ich den Krebs besiegte und die Tour de France gewann, Bergisch Gladbach 2001.

BENNETT, D.: Im Kontakt gewinnen durch Transaktionsanalyse, Heidelberg 1986.

BERNE, E.: Spiele der Erwachsenen. Psychologie der menschlichen Beziehungen, Hamburg 1988.

BERNE, E.: Was sagen Sie, nachdem Sie „Guten Tag" gesagt haben? Psychologie des menschlichen Verhaltens, 14. Auflage, Frankfurt am Main 1998.

BUCKERT, A./KLUGE, M.: Der Ausbilder als Coach. Motivierte Auszubildende am Arbeitsplatz, 2. Auflage, Köln 2002.

CRISAND, E.: Soziale Kompetenz als persönlicher Erfolgsfaktor, Heidelberg 2002.

DEHNER, U.: Die alltäglichen Spielchen im Büro. Wie Sie Zeit- und Nervenfresser erkennen und wirksam dagegen vorgehen, 2. Auflage, Frankfurt am Main 2001.

DEHNER, U. u. R.: Als Chef akzeptiert. Konfliktlösungen für neue Führungskräfte, Frankfurt am Main 2001.

COLEMAN, D. et al.: Emotionale Führung, München 2002.

GORDEN, T./BURCH, N.: Die neue Beziehungskonferenz. Effektive Konfliktbewältigung in Familie und Beruf, München 2002.

GÜHRS, M./NOWAK, C.: Das konstruktive Gespräch. Ein Leitfaden für Beratung, Unterricht und Mitarbeiterführung mit Konzepten der Transaktionsanalyse, 3. überarb. u. erw. Auflage, Meezen 1995.

HENNIG, G./PELZ, G.: Transaktionsanalyse. Lehrbuch für Therapie und Beratung, 2. Auflage, Freiburg im Breisgau 1999.

KLUGE, M.: Der Ausbilder als Motivator: Tsjakkaa, Du schaffst es oder auch nicht. In: Der Ausbilder, 08/2002 (50. Jg.), S. 13–18.

KLUGE, M.: Motivation in der Berufsausbildung: Weniger ist mehr,. In: Der Ausbilder, 05/2002 (50. Jg.), S. 10–13.

KLUGE, M.: Motivationstraining für Azubis. Mit dem Yin-Yang-Prinzip zu mehr Erfolg, Köln 2001.

KLUGE, M.: Das TA-Konzept „Vertragsarbeit" als Element der Beratung im Kontext des Personaltrainings am Beispiel der Qualifizierung von Ausbildungsbeauftragten der Aral AG. Unveröffentlichte Abschlussarbeit im Rahmen einer Beratungsweiterbildung beim Institut INITA, Hannover 2000.

LÄMMLE, B. et al.: Lämmle live: Psycho-logisch! Zehn Grundfragen aus Therapie und Lebenshilfe, 4. Auflage, Heidelberg 1999.

MEININGER, J.: Transaktionsanalyse. Die neue Methode erfolgreicher Menschenführung, 3. Auflage, Landsberg/Lech 1990.

NAGEL, G.: Die Rivalen. Ein Business-Roman über Führung und Management, München/Wien 2001.

NAGEL, N. (HRSG.): Erlaubnis zum Wachsen. Beiträge aus der Arbeit mit Transaktionsanalyse in Pädagogik und Erwachsenenbildung, Paderborn 1992.

RATTNER, J.: Anleitung zum Umgang mit schwierigen Menschen, Augsburg 1999.

RÜTTINGER, R.: Transaktionsanalyse, 7. Auflage, Heidelberg 1999.

SATIR, V.: Kommunikation, Selbstwert, Kongruenz. Konzepte und Perspektiven familientherapeutischer Praxis, 6. Auflage, Paderborn 1999.

SCHLEGEL, L.: Was ist Transaktionsanalyse. Internetangebot der DGTA unter www.dgta.de 2002.

SCHMIDBAUER, W.: Hilflose Helfer. Über die seelische Problematik der helfenden Berufe, überarb. und erw. Auflage, Hamburg 1997.

SCHMIDT R.: Immer richtig miteinander reden. Transaktionsanalyse in Beruf und Alltag. 2. Auflage, Paderborn 1999.

SPRENGER, R. K.: Vertrauen führt. Worauf es im Unternehmen wirklich ankommt, Frankfurt am Main 2002.

SPRENGER, R. K.: Aufstand des Individuums. Warum wir Führung komplett neu denken müssen, Frankfurt am Main 2000.

SPRENGER, R. K.: 30 Minuten für mehr Motivation, Offenbach 1999.

SPRENGER, R. K.: Mythos Motivation. Wege aus einer Sackgasse, 3. Auflage, Frankfurt am Main, New York 1992.

STEINER, C.: Wie man Lebenspläne verändert. Die Arbeit mit Skripts in der Transaktionsanalyse, 10. Aufl., Paderborn 2000.

STEWART, I./JOINES, V.: Die Transaktionsanalyse. Eine Einführung in die TA. Mit zahlreichen Abbildungen, Übungen und Hinweisen für die Praxis. 7. Auflage, Freiburg im Breisgau 1997.

WAGNER, A.: Besser führen mit der Transaktionsanalyse, 2. Auflage, Wiesbaden 1992.

WATZLAWICK, P. et al.: Menschliche Kommunikation. Formen, Störungen, Paradoxien, 7. unveränd. Auflage, Bern/Stuttgart/Wien 1985.

Personen- und Stichwortverzeichnis

A
Abschlussprüfung	113
Abwertung	13
Adler, Alfred	17
Agitation	78 f., 82 f.
Anleitung zur beruflichen Inkompetenz	84
Armstrong, Lance	28
Aufmerksamkeit	41
Aufschieberitis	82
Ausbilder-Regel	115
Ausbildungsblockaden	14
Ausbildungserfolg	13
Ausbildungsordnungen	10
Autonomie	17, 50, 77, 81, 99 f.
Azubis, Ich-Zustände	27 ff.
Azubi-Besetzer	86

B
Baldwin, Alec	115
Ballermann 6	114
Beachtung	39 ff.
Bedürfnis	39
Benn, Gottfried	84
Bennett, Dudley	42
Berne, Eric	17, 22, 37, 47, 67
Beurteilen	89 f.
Beurteilungsgespräche	89 f., 105 f., 119
Beziehungsarbeit	12 ff.
– Grenzen	122 ff.
Beziehungsblockaden	14
Big-Brother	40
Bilanz	49
Blanchard, Kenneth H.	53
Blöd-Spiel	71

C
Coaching	19

D
Dehner, Renate und Ulrich	32
Dehner, Ulrich	71, 75, 90, 94, 123
Demotivieren	116
Drama-Dreieck	68, 87

Dr.-Oetker-Prinzip	113
Du-Botschaften	121

E
Einstellungstest	112
Einstiegsfragen	48
Eltern-Ich	29 ff., 55 ff., 69, 97, 103
– kritisches	29 f., 69, 76
– fürsorgliches	29 f., 69, 83, 99
Erfahrungsschatz des Ausbilders	13
Erfolg	42
Erfolgsrezept	22, 127
Erfolgsstrategie	116
Erwachsenen-Ich	30 ff., 55 ff., 71 ff., 93, 97, 99, 103
Erwachsenenspiele	67
Erwartungseffekt	111

F
Feedback	25, 89, 92, 104 ff., 121
Fehlverhalten	15
Fluktuation	40
Foul-Spiele	109
Fragen	61, 71, 75 f., 93
– geschlossene	75 f.
– offene	71, 75
– W-Fragen	71, 75, 93
– Warum Fragen	76
Freigänger	86
Freud, Sigmund	17
Frustration	49
Fünfzig-Fünfzig-Regel	101 f., 107, 114

G
Gefährliche Helfer	82
Gefühle	33
Gehirn	16, 29, 33
Geborgenheit	40
Gerichtssaal-Spiel	88 ff.
Gesetz der doppelten Qualifizierung	101
Gesprächsregeln	90 f.
Gewalt	79
Goethe, Johann Wolfgang von	111
Gordon, Thomas	83, 85, 116

Grundeinstellung	21, 37 f., 99	Lebenskonzept	
Grundhaltung	26	– gefühltes	33
Grundposition Ich-bin-okay	44	– gelerntes	32
Gührs, Manfred	48, 50, 52, 115, 119, 122	– überlegtes	32
		Lebensposition	21
		Lernmotivation	13
H		Lieblingsspiele	88
Handlungskompetenz	17	Lob	118
Harris, Thomas A.	17		
Helfer-Syndrom	85 ff.	**M**	
Hennig, Gudrun	98	Mallorca	114
Hilfe zur Selbsthilfe	83	Management der Beziehungsarmut	43
Hilflose Helfer	87	Maslow'sche Bedürfnispyramide	12
Hoffnungsposition	23	Mehrabian, Albert	12
		Metaebene	105
I		Meta-Kommunikation	93
Ich-Botschaften	121	Meta-Modelle	19
Ich-Zustände	16, 27 ff.	Mini-Verträge	47, 86, 91, 127
		Missbrauch	86
J		Misserfolg	42
Ja-aber-Spiel	75 f., 79	Misstrauen	22
Joines, Vann	39, 47, 65	Moderation	90 ff.
		Motiv	85
K		Motivation	47, 96, 101, 109 ff.
Karpman, Stephen	68	– extrinsisch	102, 109 f.
Kindheits-Ich	28 ff., 55 ff., 99, 103, 121	– Führungsaufgabe	109, 112
– rebellisches	33 ff., 120	– intrinsisch	109, 114
– freies	30 ff.	– Kardinalfehler	113
– angepasstes	30 ff.	– Rahmenbedingungen	114, 117
Kommunizieren	10 ff.	Motivationsakku	90
Kommunikationseinheit	53	Motivationsloch	100
Kommunikationsfähigkeiten	62 ff.	Motivationsmethoden	112
Kommunikationsmodelle	27	Motivationsprobleme	114
Kommunikationsregel	57	Motivationsrakete	107, 110 ff., 116
Konflikte	58 f., 95 ff.	Motivationsstrategien	100, 107
Konfliktscheue Ausbilder	84		
Konfrontation	49, 118 ff.	**N**	
Konfrontative Pädagogik	119	Nagel, Gerhard	104
Kooperation	115, 123	Nesthocker	86
Krankenstand	40	Nicht-Motivieren	116
Kündigung	124	Nicht-Okay-Einstellung	22
Kultur der Selbstverständlichkeit	43, 127	Nowak, Claus	48, 50, 52, 115, 119, 122
L		**O**	
Lämmle, Brigitte	39	Okay-Quadrat	24
Lattek, Udo	115	Opferrolle	23, 68 ff.

Personen- und Stichwortverzeichnis

P
Passivität	77 ff., 100 ff., 118 f.
– Formen von	77 ff.
Pearl Harbor	115
Pelz, Georg	98
Penfield, Wilder	17
Persönlichkeit, s. Ich-Zustände	
Position	
– depressive	23
– suizidale	23
– Verfolger	22
Prämien	110 ff.
– für Ausbilder	112 f.
Prinzip Schweigen	102
Problem	84
Psychologische Spiele	50, 67 ff., 127
Pygmalion-Theorie	111

Q
Quadrant	36

R
Rationalität	32
Rattner, Josef	12
Rebellion	120
Rehhagel, Otto	116
Reiz-Reaktions-Kette	53
Retter-Rolle	68 ff., 83 ff., 100
Robinson-Club	115
Rolle des Ausbilders	68 ff.
– Animateuer	114 f.
– Berater	89
– Coach	117
– Feedback-Geber	89
– Moderator	89, 91 f.
– Opfer	68 ff.
– Retter	68 ff., 83 ff., 100
– Richter	89, 91
– Verfolger	68 ff., 100
Rosenthal, Robert	111
Rubinstein, Arthur	115
Rückmeldung	89, 106

S
Satir, Virginia	27, 85, 95, 98 f.
Schlegel, Leonhard	19
Schmidt, Rainer	41
Schmidbauer, Wolfgang	85 f., 87
Schutzmechanismus	23
Selbstabwertung	23
Selbstmotivation	115
Selbstverantwortung	115
Selbstwerteinschätzung	21
Selbstwertgefühl	23
Sicherheitsklausel	52
Sich selbst erfüllende Prophezeihung	111
Skriptanalyse	18
Spaß-Gesellschaft	114
Spielanalyse	18
Spiele	67, 87
– Gewinn	68
– Motive	68
– Nutzeffekt	68, 93
Spielköder, typische	71 ff., 87 f.
– Generalisierungen	73
– Übertreibungen	72
– Verallgemeinerungen	73
Spielverhalten	87
Spitz, René A.	36 f.
Sprenger, Reinhard K.	14, 15, 21, 83 f., 85, 101 f., 111
Steiner, Claude	39
Stewart, Ian	39, 47, 65
Streicheleinheit	37, 43, 52, 93
– drei Arten	45, 68
Streichelquellen	52
Streichelverträge	52
Stroke-Haushalt	52
Strukturanalyse	18
Switch	69, 87
Symbiose	96 ff., 108 f.
– gesunde	98, 104
– ungesunde	98 f., 104

T
Transaktionsanalyse (TA)	16 ff.
Talkshow	40
T-Konto	26
Toskanisches Sprichwort	104
Transaktion	18, 43, 53 ff., 90
– gekreuzte	57 ff.
– parallele	55 ff.

– verdeckte	67, 73 ff.
Transaktionsreaktion	53
Transaktionsreiz	53
Tritt-mich-Spiel	93
Tu-das-Botschaften	121
TV-Analyse	64

U

Überanpassung	78
Über-Vater	82 f., 86
Unfallverhütungsvorschriften	78
Unpünktlichkeit	41

V

Verfolger-Rolle	68 ff., 100
Verhaltensänderung	116
Vertragsarbeit	47 ff., 77, 120
– Voraussetzungen	48 f.
– Vorteile	50
Vertragsbruch	49
Vertrauen	13 f., 22
Vertrauensmissbrauch	15
Vertrauensvorschuss	14 f.

W

Wagner, Abe	43, 54, 69, 120, 122, 124
Wahrnehmungsfilter	21
Watzlawick, Paul	11, 73
Weihnachtsgratifikation	113
Werteinschätzung	21
Wertschätzung	90
Widerstand	49, 61

Z

Zlatko	40
Zuwendung	37 ff., 53, 68, 85, 93
Zwischengespräche	105 f.

Danksagung

Ein Buch bietet eine seltene Gelegenheit, Menschen öffentlich zu danken. Mein Dank gilt zunächst allen Ausbildern und Ausbildungsbeauftragten, denen ich in den zurückliegenden Jahren im Rahmen meiner Arbeit begegnet bin. Aus diesen Begegnungen habe ich eine Fülle an Anregungen gewonnen, die zum „lebendigen Charakter" dieses Buches erheblich beitragen.

Mein Dank gilt Andreas Buckert, dem Ausbildungsleiter der Deutschen BP Aktiengesellschaft, der mit großer Sorgfalt und anregenden Bemerkungen das Manuskript gelesen hat. Ihm ist es zu verdanken, dass unverständliche Passagen und verdrehte Erklärungen getilgt worden sind.

Mit großer Freude denke ich an die erste Begegnung mit „meinem" Lektor Erwin Stickling. Anlässlich der Frankfurter Buchmesse 2000 lernten wir uns persönlich kennen. Das ermutigende Gespräch motivierte mich, meine Autorentätigkeit zu forcieren. Heute danke ich für das „dritte" gemeinsame Buchprojekt.

Last but not least bedanke ich mich recht herzlich bei meiner Frau Elke: Sie hat für mich die Grafiken am PC erstellt und dadurch dazu beigetragen, die Inhalte noch anschaulicher zu präsentieren.